SÜDTIROLER WEINSTRASSE

Unterland · Naturpark Trudner Horn

KOMPASS Wanderführer

Auflage 7-06 • ISBN 3-85491-405-9 • Verlagsnummer 952

Texte und Touren-Tips: Fritz Köck, Baldramsdorf
Redaktion: KOMPASS-Karten GmbH, Rum/Innsbruck

Bildnachweis:
Titelbild: Südtiroler Weinstraße (Dr. Gerd Wagner)
Innentitel: Weingärten (Dr. Gerd Wagner)

Foto Hagner S. 103; Hauser/Kurtatsch S. 6, S. 9, S. 41, S. 63, S. 68/69, S. 81, S. 119; Dr. Teutsch S. 85, S. 95, S. 115; TV Aldein/Ludwig S. 77, S. 109; TV Deutschnofen S. 73; TV Eppan S. 24; TV Kaltern S. 15, S. 20/21, S. 25, S. 45; TV Leifers S. 115; TV Margreid S. 27; TV Montan S. 103; TV Neumarkt/Furlan S. 61, S. 75, S. 83, S. 89, S. 91, S. 101; TV Tramin S. 55; Dr. Valdes S. 51; Dr. Wagner S. 31, S. 35, S. 39, S. 43, S. 93, S. 111.

Da die Angaben eines Wanderführers in der heute so schnellebigen Zeit fast ständig Veränderungen unterworfen sind, kann für die Richtigkeit keine absolute Gewähr übernommen werden. Auch lehrt die Erfahrung, daß Irrtümer nie ganz zu vermeiden sind. Für Berichtigungen und Verbesserungsvorschläge ist die Redaktion daher stets dankbar. Korrekturhinweise bitte an folgende Anschrift:

KOMPASS-Karten GmbH, Kaplanstraße 2, A-6063 Rum/Innsbruck
Fax 0043/(0)512/26 55 61-8
e-mail: kompass@kompass.at
http://www.kompass.at

Vorwort

Was macht wohl den Reiz der Südtiroler Weinstraße und des Unterlandes aus? Es gibt darauf keine direkte Antwort, denn mehrere Faktoren begünstigen dieses herrliche Urlaubsland.
Kurze Winter, ein im duftenden Blütenmeer ertrinkendes Frühjahr, heiße Sommer und milde, warme Herbsttage charakterisieren den Jahresablauf. Beim Wanderer liegt der Schwerpunkt wohl in der Beliebtheit des wetterbeständigen Herbstes, wenn nach Spaziergängen durch die gefärbten Laubwälder der Abend beim geselligen Törggelen ausklingt. Im besonderen ist es aber die Vielfalt des Angebots, das dem Urlaubsgast den Aufenthalt abwechslungsreich gestaltet. Neben Baden und Wassersport lockt das Wandern und Bergsteigen bis in die schroffe Gesteinswelt des Mendelkammes oder des Weiß- und Schwarzhorns; der Radfahrer kommt ebenso auf seine Rechnung wie der kulturell Interessierte. Allen kommen die gepflegte Gastronomie und die freundlichen Privatzimmervermieter entgegen.
Das KOMPASS-Wanderbuch »Südtiroler Weinstraße — Unterland« setzt die in Wanderkreisen beliebte Serie von Tourentips im Ostalpenraum fort. In dem vorliegenden Band werden Wanderrouten entlang der Südtiroler Weinstraße, im Unterland und am Regglberg vorgestellt. Ob es der Ausflug durch das Frühlingstal, der Besuch der Eislöcher, der Kurtiniger Weinbergweg, die Runde um die Montiggler Seen, Spaziergänge am Regglberg, die Besteigung von Weiß- und Schwarzhorn oder, für besonders Tüchtige, der Roen- oder Fennberg-Klettersteig ist, der Benutzer findet hier zahlreiche Anregungen, unter anderem auch den Tip, einmal durch die Weingärten von Eppan über Kaltern nach Margreid zu radeln. Passende Kartenausschnitte und Höhenprofile erleichtern die Tourenplanung. Zusätzlich bieten die Ortsbeschreibungen Informationen über Sehenswertes im Urlaubsort und in seiner Umgebung. 36 teils ganzseitige Farbbilder runden den Inhalt des Wanderführers ab, der gewiß bald zahllose Freunde gewinnen und begeistern wird.

Schöne Tage wünscht Ihnen
Ihre KOMPASS-Redaktion

Inhaltsverzeichnis

Südtiroler Weinstraße — Unterland

Einleitend soll eine kurze geographische Begriffsbestimmung des im vorliegenden Wanderbuch beschriebenen Gebietes vorausgeschickt werden. Der Begriff **Südtiroler Weinstraße** löst in den letzten Jahren nach und nach die bisher gebräuchliche, synonyme Bezeichnung **Überetsch** ab. Der Anlaß hierfür scheint in der 1962 eröffneten, 40 Kilometer langen Panoramastraße zu liegen, die sich ohne weiteres nahtlos in die Reihe großer europäischer Traumstraßen eingliedern läßt. Die Südtiroler Weinstraße nimmt ihren Ausgang bei der Etschbrücke in Sigmundskron und durchläuft die Orte Girlan, Eppan, Kaltern, Tramin, Kurtatsch, Margreid und Kurtinig, um bei Salurn wieder in die Staatsstraße einzumünden. Dabei sind zahlreiche Möglichkeiten geboten, in die Weinorte rechts und links dieses Verkehrsweges abzubiegen, oder zum Mendelpaß aufzufahren, zu dem in den Jahren 1882 bis 1884 eine kurvenreiche Straße angelegt wurde. Die Überetscher Bahn, die von 1892 bis 1962 ihren Dienst versah, brachte den Ausflugsgast bis zur Talstation bei der Mendel-Standseilbahn.
Im Gegensatz zu der an der westlichen Seite des Etschtals entlangziehenden Weinstraße umfaßt das **Südtiroler Unterland** die Gemeinden östlich der Etsch, Leifers, Branzoll, Auer, Montan, Neumarkt und Salurn.
Der Begriff **Regglberg** umfaßt nach dem Sagenforscher und Heimatkundler K. F. Wolff (1897) die Ortschaften Karneid, Steinegg, Gummer, Ober- und Untereggen, Welschnofen, Deutschnofen, Petersberg, Aldein und Radein. Diesem historischen Begriff Regglberg widerfuhr dahingehend eine Bedeutungsänderung, als 1860 mit dem Bau der Straße durch die Eggentaler Schlucht und 1896 mit der Eröffnung der Eggentaler Straße sich eine neue verkehrstechnische Zuordnung ergab und man von einem nördlichen und südlichen Regglberg sprechen konnte. Der nördliche Teil mit den Ortschaften Karneid, Steinegg, Gummer, Eggen und Welschnofen wurde unter der Bezeichnung Eggental bekannt, während im südlichen Teil sich die Nomenklatur Regglberg bis heute erhalten konnte.
In Anlehnung an die Südtiroler Landeskunde wird der Regglberg auch in den KOMPASS-Wanderbüchern in einen Nord- und Südteil gegliedert, wobei das Eggental im Wanderbuch »Bozen — Salten — Schlern« und der Südteil (Deutschnofen, Petersberg, Aldein und Radein) im vorliegenden Buch beschrieben wird.
Betrachtet man eine Panoramakarte vom Gebiet Überetsch — Südtiroler Unterland, so stellt man fest, daß eine gebietsmäßige Eingrenzung dieser Landschaft im Süden Südtirols nicht schwerfällt. Erreicht man nämlich durch das enge, jedoch reizvolle Eisacktal die Landeshauptstadt Bozen, fällt einem sofort auf, daß hier ein neuer Landschaftsabschnitt beginnt. Diese Nordostabgrenzung findet ihre Parallele bei Andrian, wo vorerst sanft die Mittelgebirgsterrasse des Überetsch anzusteigen beginnt, um dann im weiteren Verlauf eine mächtige Felsbarriere gegen Westen zu bilden. Diese natürliche Mauer bildet der Mendelkamm vom Gantkofel im Norden bis zum Hochplateau von Fennberg im Süden. Im Süden finden wir in Form der »Salurner Klause« sowohl eine historische wie sprachliche Grenze zwischen deutschem und italienischem Einfluß; sie bildet auch heute noch die politi-

◂ Tramin mit Kalterer See

sche Grenze von Südtirol bzw. der Provinz Bozen. Im östlichen Teil des Südtiroler Unterlandes sind zahlreiche z. T. tiefe Taleinschnitte mit darüberliegenden Mittelgebirgsterrassen vertreten. Der San-Lugano-Paß im Fleimstal scheint zwar eine östliche Barriere in diesem Raum darzustellen, doch auch das an einem wunderschönen Südwesthang über dem Cembratal gelegene Dörfchen Altrei ist als deutsche Sprachinsel dem geographischen Raum des Südtiroler Unterlandes hinzuzurechnen. Über einzelne Zweitausender, wie dem Weiß- und Schwarzhorn, setzt sich diese Abgrenzung nach Norden über die den Dolomiten vorgelagerten Terrassen fort und endet nördlich von Deutschnofen wieder am südlichen Stadtrand von Bozen in der Sohle des Etschtales.

Nicht zu übersehen ist jedoch auch, daß das Überetsch bzw. das Gebiet der Südtiroler Weinstraße vom Unterland in der Mitte durch den Leuchtenburger Bergrücken getrennt wird. Fährt man heute auf der Autobahn von Bozen nach Neumarkt, so führt diese dicht am Fuß dieser beeindruckenden geographischen Teilung vorbei. Zwischen Sigmundskron im Norden und Gmund im Süden ragen imposante rötlich schimmernde Porphyrwände empor, die zeitweise eine Höhe von 400 m erreichen.

Zwischen 200 und 2.400 m Meereshöhe weisen Täler und Gipfelfluren auf. Dies läßt den Wanderer in dieser Region bereits ahnen, daß er reizvolle Kontraste, vor allem bedingt durch klimatische Unterschiede, erwarten darf. Und es darf bestätigt werden, daß es kaum ein Gebiet gibt, wo auf so engstem Raum eine derartige Vielfalt für den Wanderer, Bergsteiger und auch den Spaziergänger vorzufinden ist. In den tieferen Lagen beherrschen mediterrane Vegetation sowie Wein- und Obstkulturen das Landschaftsbild. Auf höhergelegenen Plateaus liegen malerische Almen, wie sie auch überall am Alpenhauptkamm zu finden sind. Schließlich befinden sich noch zwei Klettersteige in diesem Gebiet, die diese besondere Vielfalt von Wandermöglichkeiten abrunden.

Natürlich dürfen in diesem Gebiet die Seen nicht vergessen werden, die teilweise zu den wärmsten Badeseen der Alpen zählen. Am bekanntesten ist zwar der Kalterer See; Tourenziele in diesem Wanderbuch führen auch zu den kleineren Montiggler Seen sowie zum Fenner See und dem Göllersee.

Siedlungsgeschichte

Das in diesem Buch behandelte Gebiet ist so zentral gelegen, daß sich dessen Geschichte weitestgehend mit der allgemeinen Landesgeschichte Südtirols deckt.

Zahlreiche Funde beweisen, daß das Südtiroler Unterland sowie das Gebiet um die heutige Weinstraße bereits in vorgeschichtlicher Zeit als wichtiger Verbindungsweg zwischen dem Mittelmeer und dem Gebiet nördlich der Alpen diente. Hier ließen sich frühzeitig Menschen zur Besiedlung nieder. Die Talsohle des Etschtales sowie das Gebiet um den ehemals vermutlich weitaus größeren Kalterer See war über Jahrtausende unwirtliches, unbewohnbares Sumpfland, daher befanden sich Siedlungen vorwiegend auf Anhöhen und an den Hängen des Mendelkammes und auf den heutigen Mittelgebirgsterrassen. Zahlreiche Funde und interessante ar-

Alte Frau am Spinnrad in Radein

chäologische Lokalitäten zeugen davon. So z. B. Siedlungsreste auf dem Wilden-Mann-Bühel am Mitterberg, am Burgstallegg bei Aldein, am Ruinenhügel von Castelfeder oder wie die erst 1986 freigelegten Schmelzöfen aus der Bronzezeit, die am Fennhals im Gemeindegebiet von Kurtatsch entdeckt wurden und als aufsehenerregender Fund gelten.
Bis zu Beginn unserer Zeitrechnung besiedelten nacheinander Ligurer, später vielleicht auch Italiker und Etrusker dieses Gebiet. Eine keltische Besiedlung gilt als wahrscheinlich. Auch Spuren rätischer Besiedlung sind vorhanden; mit Sicherheit jedoch wurde das gesamte Gebiet um 15 v. Chr. von den Römern unterworfen, die die folgenden fünf Jahrhunderte die Geschicke des Landes bestimmten. In dieser Epoche führte eine wichtige Handelsverbindung, die »Via Claudia Augusta« durch Unterland und Überetsch. Sie war ein Teil der Straße von der Poebene bis Augsburg. Zahlreiche römische Siedlungsfunde finden sich in dieser Region; u. a. lag in Castelfeder mit größter Wahrscheinlichkeit auch ein Militärstützpunkt.
Gegen Ende des 4. Jahrhunderts erfolgte die allmähliche Christianisierung durch den Trienter Bischof Vigilius. Danach begannen sich zu Beginn der Völkerwanderungszeit Langobarden, Franken und Bajuwaren um diesen inzwischen als äußerst fruchtbar erkannten Landstrich zu streiten. Allmählich setzte sich der bajuwarische Einfluß durch. Die Bayern begannen mit umfassender Landrodung und sorgten auch für die mehr und mehr deutschsprachige Prägung des Gebietes.

Mit der steigenden Kultivierung des fruchtbaren Bodens nahm auch der Wohlstand zu. Zahlreiche Ansitze und Schlösser, vor allem im Überetsch, zeugen davon, daß sich hier auch sehr viele Adelsgeschlechter niederließen. Imposante Befestigungsanlagen wie Hocheppan, Sigmundskron, Leuchtenburg und Laimburg, Haderburg bei Salurn, um nur einige zu nennen, sowie deren Geschichte zeugen auch von den oft grimmigen Kämpfen, die im Hochmittelalter in diesem Gebiet ausgefochten wurden. Bis zu ihrem Aussterben Ende des 13. Jahrhunderts beherrschte das mächtige Geschlecht der Eppaner die Szenerie dieser Fehden.
Mit der Machtübernahme durch die Grafen von Tirol, 1271, verband sich nun auch das Etschtal mit seinen Nachbargebieten mit der geschichtlichen Entwicklung Tirols. An die bekanntesten Geschlechter aus der Zeit der Vögte, wie z. B. der Rottenburger in Kaltern oder der Herren von Enn erinnern nur mehr Burgen oder Ruinen. Vom Felsennest der Hadersburg über Salurn erfolgte 1158 der berüchtigte Überfall auf die päpstliche Gesandtschaft, die an den Hof Friedrich Barbarossas zog. Auf der Hadersburg war 1551 auch Philipp Melanchton, der Freund Martin Luthers zu Gast. Auch Albrecht Dürer hielt sich in Salurn auf. Seine Bildmotive von »ein welsch perg« hatten die Landschaft des benachbarten Cembratales zur Vorlage. Auf dem heute noch prächtig erhaltenen Schloß Enn über Montan saßen die bayrischen Herren von Enn und verwalteten das Gebiet der gleichnamigen Grafschaft zwischen Salurn, dem Fleimstal und Auer für den Bischof von Trient. Ein Enn war Neffe Ezzelinos da Romano, des Mitkämpfers Friedrichs II. von Hohenstaufen. Seit 1648 ist es im Besitz der venetianischen Patrizierfamilie Zenobio-Albrizzi. Neumarkt wiederum hatte als Schiffahrtsplatz an der Etsch besondere Bedeutung. Aus der römischen Poststation Endidae entstanden, hielt es sich lange als Umschlagplatz der von Norden mit Fuhrwerken bis an die Schiffsladerampe am Etschufer herangeführten Waren, zuletzt als Poststation bis in die Mitte des 19. Jahrhunderts. Die italienische Bevölkerung, die in den Tälern südlich von Salurn und ostwärts im Bereich des Fleimstales und seiner Nachbartäler seßhaft wurde, wanderte in manchen Regionen im Zuge der wirtschaftlichen Entwicklung des Landes zu. Neben Teilen einer alpenromanischen Bevölkerungsschicht waren es vor allem Dienstleute und Arbeitskräfte, die in dieses Gebiet vordrangen und dann seßhaft wurden. Dies galt jedoch mehr für das Nonstal, als für die eingesessene romanische Bevölkerung im Ostbereich des Gebietes. Die größte Gemeinde des Fleimstales ist die Magnifica Communità di Fiemme (Generalgemeinde des Fleimstales) in Cavalese. Diese Bezeichnung erinnert an eine Art selbständiger Talgemeinschaft, die die Gemeinden des Fleimstales bildeten und die sie sich vom Trientiner Bischof bereits 1110 bestätigen ließen.
In den folgenden Jahrhunderten gab es zwar immer wieder kriegerische Auseinandersetzungen mit benachbarten Völkern wie Bayernfürsten und Engadinern, doch im Schauplatz der Weltgeschichte stand dieser Bereich erst wieder in den napoleonischen Kriegen im Brennpunkt des Interesses. Die Franzosen versuchten durch das Etschtal einzudringen, wurden jedoch zurückgeworfen. Im Frieden von 1805 wurde Tirol von Österreich an Bayern abgetreten. Unter Andreas Hofer wurde die französische Armee

geschlagen, in einem neuerlichen Friedensschluß wurde das Gebiet südlich von Bozen dem »Königreich Italien« einverleibt. 1815 wurde dann durch den Wiener Kongreß Tirol wieder vereint und blieb bis 1918 bei Österreich. Durch den Frieden von St. Germain wurde Südtirol Italien zugesprochen und vor allem im Südtiroler Unterland begann über einige Jahrzehnte eine starke Italienisierung der Bevölkerung. So ist in den Gemeinden Salurn, Leifers und Pfatten heute eine vorwiegend italienische Bevölkerung anzutreffen; im Überetsch blieb sie weitestgehend deutschsprachig. Heute bietet sich diese Region als modern strukturiertes Fremdenverkehrsgebiet dem Besucher an; Obst- und Weinbau prägen das Landschaftsbild und damit auch den größten Teil der übrigen Wirtschaftszweige.

Geologie

Die Umgebung von Bozen wird von dem roten, weithin leuchtenden Bozner Quarzporphyr aufgebaut. Die heute ungefähr 4.000 km^2 umfassende Quarzporphyrplatte entstand vor ca. 290 Mio. Jahren zur Zeit des Perm (Erdaltertum). Damals erreichten vulkanische Erscheinungen ein gewaltiges Ausmaß. Wie heute in Island quoll aus Spalten glutflüssiges Magma an die Oberfläche und erstarrte rasch. So kam es zur Ausbildung einer glasigen Grundmasse mit Quarz- und Plagioklaseinsprenglingen (Namensgebung). Der hohe Quarzgehalt (Kieselsäure SiO_2) machte die Schmelzen sehr zähflüssig. Bei einem hohen Gasgehalt des Magmas zerspratzte die Lava beim Austritt an die Oberfläche. Dabei kam es zu Glutwolken (Ignimbrite), die sich mit hoher Geschwindigkeit weit ausbreiteten. Lava, vulkanische Aschen (Tuffe) und Glutwolkenabsätze wechselten einander ab. Ihre Abfolgen wurden so an manchen Stellen bis zu 3.000 m dick. Die mächtige Quarzporphyrplatte entstand aus vielen einzelnen Eruptionen, wobei sich der Chemismus der Laven im Laufe der Zeit änderte. Bei der Abkühlung der Lava bildeten sich charakteristische Erstarrungsformen wie Platten (Eggental) und Säulen (Etschtal südlich von Bozen). Dies hatte schon Goethe auf seiner Italienreise 1786 beobachtet. Durch seine Verwitterungsbeständigkeit kommt es im Quarzporphyr zur Ausbildung von steilen Wänden und Abbrüchen. Er eignet sich vorzüglich als Bau- und Dekorstein und wird in zahlreichen Steinbrüchen gewonnen.

Gegen Ende des Unterperm (vor ca. 270 Mio. Jahren) erlosch die vulkanische Tätigkeit und eine Zeit der Abtragung begann. Die Erosionsprodukte, der Grödener Sandstein (benannt nach dem Grödental), sind im unteren Bereich Sedimente von Flußsystemen in wüstenähnlichem Klima (Wadis). Fossile Pflanzenreste und Tierfährten beweisen die Ablagerung des Grödener Sandsteines auf dem Festland. Noch im oberen Teil des Grödener Sandsteines macht sich der Einfluß des Meeres bemerkbar, das von Osten nach Westen vordrang (Transgression). Die darüberfolgenden Bellerophonschichten, benannt nach den versteinerten Bellerophonschnecken, zeigen, daß die Wassertiefe zunahm.

Der Ablagerungsraum entsprach dem einer Lagune, die vom offenen Meer zeitweilig abgeschnitten war. Bei starken Verdunstungsraten kam es zur Ausfällung von Gips.

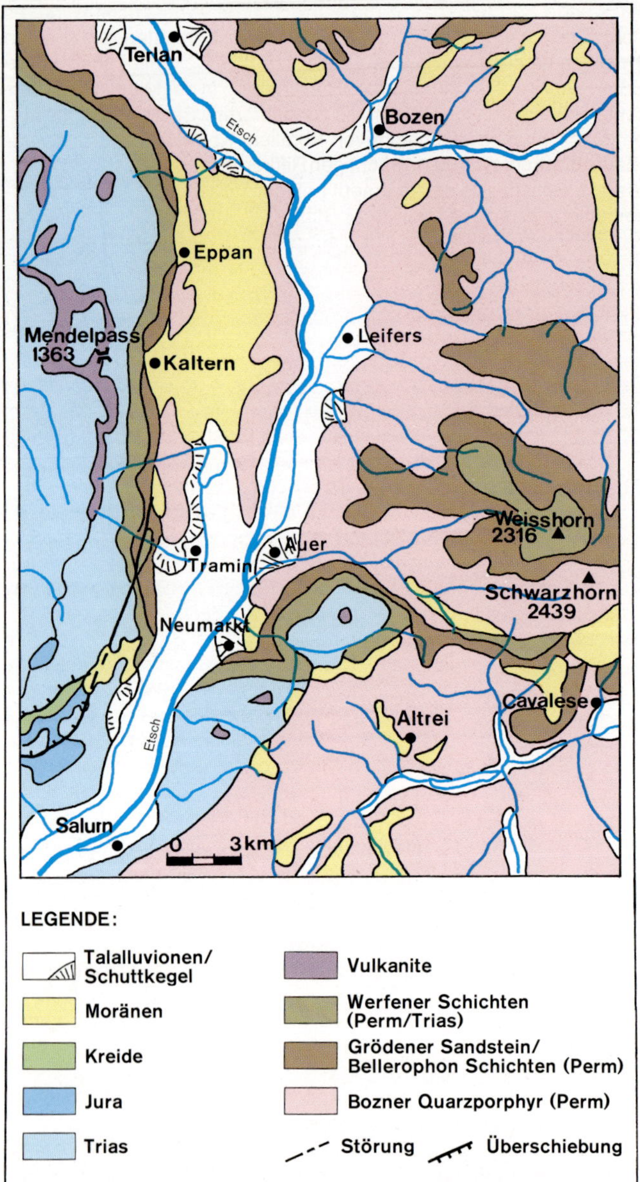

Kartengrundlage: Geologische Karte von Tirol, R. BRANDNER 1980

An der Wende Perm — Trias verbesserte sich die Wasserzirkulation, es herrschten rein marine Verhältnisse. Die Werfener Schichten zeigen einen mehrmaligen Wechsel von karbonatischen (Kalke, Dolomite) und landbeeinflußten Sedimenten (Sandsteine, Tonschiefer). In der Mittel- und Obertrias entstanden mächtige Riffe, in die zungenförmig Beckenbereiche eingriffen. Massenhaftes Wachstum von Korallen, Kalkalgen und Schwämmen baute die mehrere 100 m mächtigen Riffkörper der Mendel- und Sellagruppe auf. Gleichzeitig setzte erneut heftiger Vulkanismus ein. Die Beckenbereiche mit den Buchensteiner Schichten wurden von Kissenlaven und vulkanischen Trümmerbreccien aufgefüllt. Das Riffwachstum wurde durch die Vulkanaktivitäten zeitweise unterbrochen. In der Obertrias lagerten sich die Raibler Schichten und der Hauptdolomit (dolomia principale) ab. Jura und Kreidegesteine sind nur selten verbreitet. Südlich des Mendelpasses z. B. treten solche Gesteine entlang einer Überschiebung auf. Durch die alpidische Gebirgsbildung wurde der Bereich der Südalpen mit der Bozner Quarzporphyrplatte herausgehoben. Weitreichende Faltungen und Überschiebungen wie in den übrigen Ostalpen fanden hier nicht statt. In der jüngeren geologischen Geschichte wurde das Landschaftsbild durch die Schurftätigkeit der eiszeitlichen Gletscher überformt. Bis in 1.400 m Seehöhe findet man Gletscherschliffe und Moränen. Auffallend ist die moränengefüllte Einsenkung in der Umgebung des Kalterer Sees. Diese Längsfurche stellt einen ehemaligen Flußlauf der Etsch dar, in welche damals die Talfer bei Auer mündete.

Flora und Fauna

Bedingt durch die vorherrschenden Höhenunterschiede (tiefster Punkt zwischen Neumarkt und Salurn 211 m; höchste Erhebung Schwarzhorn 2.439 m) ist auch eine außerordentliche Vielfalt im Bereich von Flora und Fauna dieses Gebietes naheliegend. Alles überragende Kulturpflanze ist zweifellos die Weinrebe, deren Anbau bevorzugt an den Terrassen des Überetsch bis in Höhen von über 800 m vorgenommen wird. In der Sohle des Etschtales folgt als zweite bedeutende Pflanze der Obstbaum; beide Kulturpflanzen geben uns den Hinweis, daß dieses südalpine Becken weitere mediterrane und subtropische Flora aufzuweisen hat. Mandel-, Pfirsich-, Kaki-, Granatäpfel-, Feigenbäume, Zypressen und Ölbäume, verschiedene Palmenarten, Agaven und Pinien — all dieses findet sich im südlichen Etschtal und in den unteren Hanglagen des Unterlandes und des Überetsch. Nicht zu vergessen auch die Edelkastanie, deren Früchte an vielen Spätherbsttagen tausende Sammler in die Wälder lockt. Damit ist auch gleichzeitig gesagt, daß wir uns hier in einer durch große Laubwälder (z. B. Montiggler Wald) geprägten Landschaft befinden, die vor allem im Herbst ob ihrer Farbenpracht kaum zu überbieten ist. In höheren Regionen (etwa ab 800 m) beginnen Mischwälder, noch höher charakterisieren Föhrenwälder das Landschaftsbild. Auf Bergwiesen und Weiden gedeiht vor allem auf den Hochflächen über dem Etschtal zwischen Deutschnofen und Altrei sowie am Mendelkamm eine vielgestaltige Alpenflora.
Waldreiche Gebiete und zerklüftete Felsregionen lassen uns neben einer allgemeinen Vielfalt auch auf ein paar Besonderheiten in der Fauna verwei-

sen. So wird dem Wanderer in fast allen Gebieten an warmen Tagen das ständige Rascheln der vor seinen Schritten flüchtenden Eidechsen auffallen. Zwar nie sichtbar, doch mit umso größerer Geräuschkulisse machen sich an heißen Tagen die Zikaden bemerkbar. Ebenso ist zur mediterranen Fauna die Gottesanbeterin (ein grünes, heuschreckenähnliches Insekt), die Hornotter und der Skorpion hinzuzuzählen. Der Wildbestand wird vom Reh dominiert, in den Felsregionen des Mendelkammes sind auch kleinere Gamsrudel zu beobachten. Auch Greifvögel wie Habicht, Bussard und sogar der Steinadler bereichern die Tierwelt in diesem Gebiet.

Südtiroler Weinstraße—Unterland — ein Ziel zu jeder Jahreszeit

Seine besondere Lage als »Südbalkon Südtirols« verleiht dem Südtiroler Unterland das Prädikat »Ganzjahreswandergebiet«. Tatsächlich können Spaziergänger an sonnigen Jänner- oder Februartagen auf schneefreien Wanderwegen im Etschtal Frühlingsvorfreuden genießen, während gleichzeitig wenige Kilometer nord- oder ostwärts Skiläufer sich an tiefverschneiten Hängen erfreuen. Und der Frühling beginnt auch tatsächlich eher als anderswo ins Landschaftsbild einzuziehen. Und was für ein Frühling! Die Blütenpracht des das ganze Etschtal durchziehenden Obstgartens vermittelt einen Reiz, der seinesgleichen sucht — zur Freude des Wanderers, der diese Pracht genießen kann.

Für an alpine Verhältnisse gewohnte Besucher dauert dagegen der Sommer in dieser Region fast 7 Monate. Sind anderswo hochalpine Routen noch lange nicht begehbar, ist im April beispielsweise für den Fennberger Klettersteig bereits Hochsaison. An den Seen tummeln sich kurze Zeit später die ersten Badegäste, und sobald Weiß- und Schwarzhorn ihr Schneegewand abwerfen, steht dem Bergwanderer kein Wunsch mehr offen. Jetzt beginnt jener Teil des Jahres, wo der Besucher aus Zeitmangel gar nicht alle Reize auskosten kann, die ihm sein Urlaubsland bietet. Er befindet sich an dem wärmsten Badesee der Alpen (bis 28 Grad), am Kalterer See. Zudem ist dieser durch am Spätnachmittag auftretende Winde ein Windsurfparadies, das nun als »Konkurrenz« zu anderen Freizeit- und Erholungsmöglichkeiten antritt: Wandergenuß durch inzwischen leuchtendgrüne Weingärten, Wanderungen zu den kulturellen Kostbarkeiten, vor allem zu den vielen Burgen, viele traditionelle Brauchtumsveranstaltungen, und zudem locken auch Tagesausflüge in benachbarte Regionen. Regentage kühlen die oft große sommerliche Hitze — doch keine Angst: Im allgemeinen braucht einem hier vor langen Schlechtwetterperioden nicht bange sein.
Geht der Jahreslauf in das Septemberende, so wird dem Urlauber einiges an Veränderungen auffallen. Gemeint ist dabei nicht der natürliche Herbstbeginn mit seiner Farbenpracht in den Laubwäldern, sondern daß der Autofahrer ab nun einer Vielzahl von Traktoren und landwirtschaftlichen Fahrzeugen begegnet, die unterwegs sind in Richtung Wein- und Obstgärten. »Türme« von Obststeigen sowie Berge von weißen, rötlichen oder blauen Trauben auf verschiedenen Gefährten werden zum gewohnten Anblick für den staunenden Touristen. Männer mit den traditionell blauen Schürzen

Frostberegnung (um ein Abfrieren der Apfelblüten im Frühjahr zu verhindern, werden die Bäume bei Frost beregnet)

prägen das Dorfbild, typischer Weingeruch zieht aus den großen Kellereien. Auch die Gewohnheiten der Wanderer ändern sich. Man sucht nun nicht ohne Grund die Aussichtspunkte wie den Penegal oder die Rotwand, die Höhenwege diesseits und jenseits der Etsch auf, um eines der traumhaften Panoramamotive für seine Kamera zu »erhaschen«, die viele klare Herbsttage so großzügig präsentieren. Denn am Abend geht es zur Weinkost bzw. zum so beliebten »Törggelen«, dem Verkosten des neuen Weines zusammen mit Tiroler Jause, gebratenen Kastanien und zünftiger Musik.

Befinden sich die Spätlesetrauben noch am Weinstock, beginnen sich die Höhen über 1.500 m bisweilen schon mit Schnee zu »bezuckern«. Im Unterland ist der Winter mild, Schnee liegt meist nur kurzzeitig, doch sogar Skigebiete allererster Marke befinden sich in dieser Region. In kleinem Ausmaß am Mendelpaß beginnend, findet der anspruchsvolle Winterurlauber im Raum Deutschnofen – Aldein – Radein mit einer »Skischaukel« an der Latemargruppe ein Gebiet vor.

Reh ♀
Feuerlilie
Schwebefliege
Bittersüßer Nachtschatten
Blutweiderich
C-Falter

Vielfalt der Natur

Verhalten im Unglücksfall:

- Verletzten bergen oder sichern.
- Jemanden, wenn möglich, um Hilfe schicken.
- Erste Hilfe leisten.
- Verletzten nicht allein lassen.
- Schutz vor weiterer Schädigung (z. B. vor Kälte, Hitze, Wind, Nässe).
- Verunfallten nichts zu essen oder zu trinken geben (damit eine etwaige Operation nicht verzögert wird). Vorsicht mit Medikamenten! Die Verabreichung von Medikamenten lieber einem Arzt überlassen.

Die in den letzten Jahren zunehmende Verwendung von Hubschraubern und Flugzeugen bei der Rettung aus Bergnot hat neue Verständigungsmethoden notwendig gemacht. Rote Biwaksäcke oder Anoraks, Rauchsignale oder Zeichen im Schnee erleichtern das Auffinden aus der Luft.

Das internationale Notzeichen SOS kann mit etwa 2 m großen Buchstaben aus Steinen usw. auf andersfarbigem Untergrund ausgelegt oder in Schnee getreten werden.

Bei Sichtverbindung sind Armzeichen bzw. farbige Leuchtzeichen folgender Art festgelegt:

Beide Arme schräg hoch
oder
grünes Lichtzeichen

= JA auf Fragen
Hier landen oder
Wir brauchen Hilfe

Linker Arm schräg hoch,
rechter Arm schräg
abwärts oder
rotes Lichtzeichen

= NEIN auf Fragen
Nicht landen oder
Wir brauchen keine Hilfe

Angaben im Notfall:

Wer meldet . . .

Wer ist verunglückt . . .

Von wo aus wird gemeldet . . . (tel. Rückruf).

Unfallort, Unfallzeit, welche Verletzungen hat der Verunfallte vermutlich.

Wer wurde von dem Unfall noch informiert bzw. verständigt.

Landemöglichkeit – Hubschrauber?

Alpines Notsignal: Sechsmal *innerhalb einer Minute in regelmäßigen Zeitabständen ein sichtbares oder hörbares Zeichen geben und hierauf eine Pause von einer Minute eintreten lassen. Das gleiche wird wiederholt, bis Antwort erfolgt.*

Antwort: *Innerhalb einer Minute wird* ***dreimal*** *in regelmäßigen Zeitabständen ein sichtbares oder hörbares Zeichen gegeben.*

Im Habachtal
Silberwurz
Rotes Kohlröschen
Steinadler
Epidot
Gemsen
Aurikel

Die Abbildungen stammen aus den KOMPASS-Naturführern
Nr. 1100 Alpenblumen, Nr. 1101 Alpentiere und Nr. 1106 Mineralien.

Allgemeine Tips für Wanderungen und Bergtouren

Die **Ausrüstung,** die wir auf unsere Bergfahrten mitnehmen, richtet sich nach der Dauer und dem Schwierigkeitsgrad unserer Unternehmung. Für leichte Touren genügen feste Wanderschuhe, ein kleiner Rucksack für Regen- und Kälteschutz, sowie für etwas Proviant. Für Ausflüge in die höheren Regionen sind zusätzlich Sonnencreme und -brille, Handschuhe, Mütze und Reservewäsche erforderlich. Die **Wanderapotheke** wird hoffentlich ungebraucht im Rucksack bleiben, doch bei Abschürfungen sind eine desinfizierende Salbe und ein Hansaplast gewiß willkommen, wie auch ein paar Sicherheitsnadeln, falls beim Abstieg der Hosenstoff leiden sollte. Hochtouren sollten grundsätzlich nur mit einem erfahrenen Bergführer unternommen werden. In den Talorten stehen behördlich autorisierte Führer zur Verfügung, die einen sicheren Gipfelsieg gewährleisten.
Die Beschaffenheit des Hochgebirges bringt es mit sich, daß viele Routen ausgesetzt sind, die Schwindelfreiheit erfordern und daher wiederholt auf vernünftiges Schuhwerk hingewiesen werden muß. Wenn wir mit Kindern unterwegs sind, so erweist sich ein kurzes Bergseil (10 m) als große Hilfe.
Bei Unfällen ist die nächste Bergrettungsstelle zu verständigen. Ist direkte Hilfeanforderung unmöglich, kann durch das **alpine Notsignal** Hilfe herbeigeholt werden. **Hilfeanforderung:** 6 Signale pro Minute in Abständen von je 10 Sekunden, eine Minute Pause, wieder 6 Signale usw. **Antwort:** 3 Signale in einer Minute in Abständen von je 20 Sekunden, eine Minute Pause, dann wieder 3 Signale usw.
Die **Schwierigkeitseinteilung** leicht – mittel – nur für Geübte richtet sich nicht nach der UIAA Skala (von leicht bis äußerst schwierig), sondern wurde unter dem Gesichtspunkt der für einen durchschnittlichen Wanderer zu überwindenden Höhenmeter, der Schwierigkeit des Weges (Gletscherbegehung) und der Einkehr- und Rastpunkte ausgewählt. Die Schwierigkeit und der angegebene Zeitaufwand stellen unverbindliche Empfehlungen dar, – sie können je nach Witterungseinflüssen und Geländeverhältnissen von den angegebenen Werten mehr oder weniger abweichen.

Kennzeichnung der Schwierigkeit:

- leichte Wanderung, auch für Kinder geeignet!
- mittelschwere Wanderung
- schwere Wanderung, nur für geübte Berggeher!

Zeichenerklärung zu den Tourenprofilen:

- Gasthaus, Unterkunftshaus
- unbewirtschaftete Hütte, Unterstandsmöglichkeit
- Aussichtspunkt, Rundblick
- Seilbahn
- Sessellift

Schloß Ringberg mit Leuchtenburg und Kalterer See ▸▸

Südtiroler Weinstraße

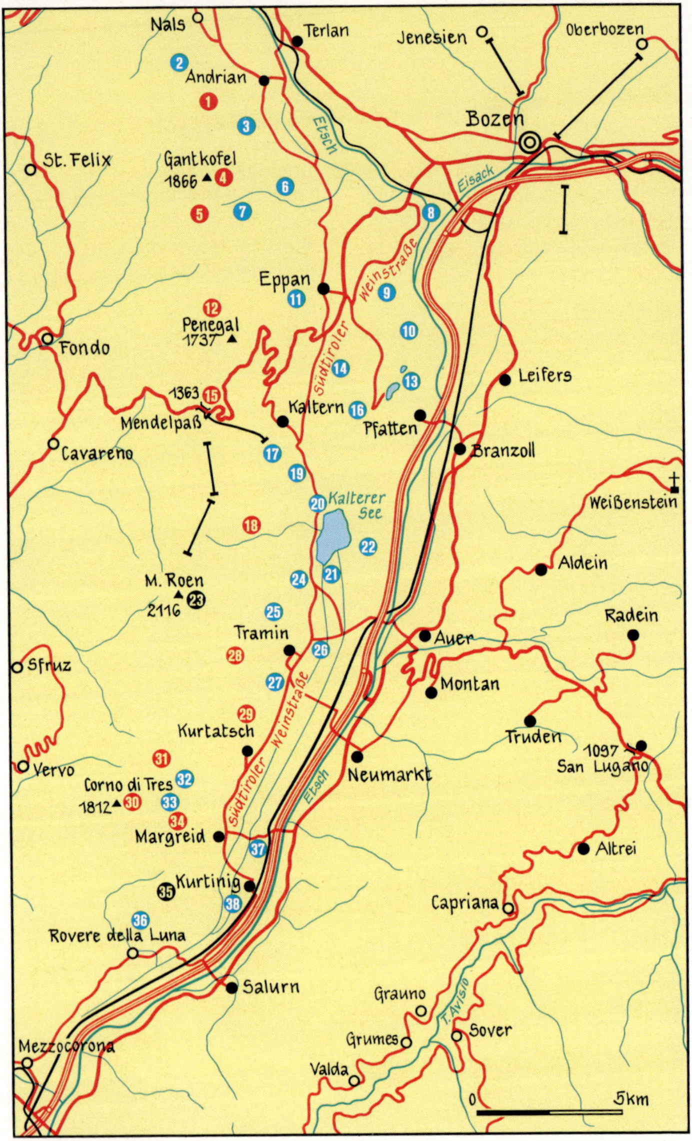

● Verkehrsverband, Verkehrsamt, Verkehrsverein — Eisenbahn — Straße (30) Lage der beschriebenen Wanderwege

Ortsbeschreibungen:

ANDRIAN

Gemeinde, Provinz Bozen, Einwohnerzahl: 750, Seehöhe: 283 m, Postleitzahl: I-39018. **Auskunft:** Tourismusverein Andrian. **Bahnstation:** Terlan (3 km). Busverbindung mit Bozen.

Das Dorf Andrian ist eine aus hauptsächlich vier Weilern entstandene Siedlung inmitten eines Teppichs besonders ertragreicher Weinkulturen zwischen dem rechten Ufer der Etsch und den Abhängen der Mittelgebirgsterrasse am Sockel des Mendelzuges. Ein Kranz von Burgen umgibt diese romantische Landschaft, deren üppige Vegetation bereits unverkennbar vom südlichen Klima geprägt ist. Abseits vom Durchgangsverkehr gelegen und doch in dessen Nachbarschaft wird Andrian nicht allein wegen seiner erlesenen Weinsorten gerne aufgesucht.

Sehenswert
Ruine Festenstein. – Burg Wolfsthurn. – Schloß Hocheppan.

EPPAN AN DER WEINSTRASSE

Gemeinde, Provinz Bozen, Einwohnerzahl: 10.900, Seehöhe: 260 – 1.866 m, Postleitzahl: I-39057. **Auskunft:** Tourismusverein Eppan an der Weinstraße. **Bahnstation:** Bozen (10 km). Busverbindung mit Bozen.

Eppan ist eine Großgemeinde mit Hauptorten, Dörfern und Weilern: St. Michael, Girlan, St. Pauls, Untere und Obere Gand, Pigeno, Kreuzweg, Maderneid (St. Michael-Eppan), Schreckbichl (Girlan), Aich, Berg, Perdonig, Buchwald, Gaid (St. Pauls), Frangart, Missian, Unterrain, Montiggl. Eppan ist 60 km² groß, 200 m hoch über den Flüssen Etsch und Eisack gelegen, eine sehr geschützte und fruchtbare Hügellandschaft mit zentralster Lage und einem hervorragendem Klima. Es wächst alles was man setzt und pflegt (Ölbäume, Feigen, Kiwi, Reben, Oleander, Kaki, Palmen usf.).

Ursiedlung: 5000 v. Chr. (Tonscherben im Schloß Sigmundskron zeugen davon). Kelten-Illyrer und Etrusker, Römer, Bayuwaren (Mitte des 6. Jh.s). Herrschaft der Eppaner Grafen (Welfen): 11. bis 13. Jh. = mächtigstes Adelsgeschlecht Tirols. Mit Bischof Egno (Trient) starb im 13. Jh. das Eppaner welfische Grafengeschlecht aus.

Zerstörung der Burg Hocheppan (636 m hoch gelegen): 1158 durch die Grafen von Tirol mit Hilfe Heinrich des Löwen (aus Sachsen und Bayern) im Auftrag des Kaisers Friedrich Barbarossas.

In der Großgemeinde Eppan gibt es 22 Burgen und Schlösser (11. bis 15. Jh.), 60 Adelsansitze — Bauherr war ein Adeliger — (16. bis zu Beginn des 18. Jh.) und 100 architektonisch bemerkenswerte Baulichkeiten (alte Bauernhäuser), die von ruhmreicher geschichtlicher Vergangenheit künden.

1849 schrieb der bekannte Schriftsteller und Dichter Beda Weber (Frankfurt) folgenden vielsagenden Satz: Kein Adelsgeschlecht ist in Tirol (Ost-, Nord- und Südtirol) zu finden — das nicht hier in Eppan ein Stück Erde zu erobern gesucht oder besessen hätte!

Weinproduktion: 11,5 Mio. Liter

Obstproduktion: 3.500 Waggon (1 Waggon = 20.000 Pfund)

Sehenswert

Die **Paulsner Pfarrkirche** (1461–1647 erbaut), auch »Dom am Lande« genannt. – **Museum Schloß Gandegg.** – **Museum Schloß Moos.** – Das **Frühlingstal** (Frühlingswunder – bereits am 20. März blühen tausende von Frühlingsblumen). – Die **Eislöcher** (Naturphänomen) oberhalb des Hotels Stroblhof. – Die beiden **Montiggler Badeseen.** – Die **Burg Hocheppan** mit der Schloßkapelle und den vollkommen erhaltenen romanischen Wandmalereien um 1208 n. Chr. – **Friedhof** in **St. Pauls** und das Dorf als solches. – Die **vorchristlichen Siedlungsplätze** (Wallburgreste aus dem Jahre 2000 v. Chr.): St. Vigiliushügel in Perdonig, Lambrecht am Lamprechtshügel (Eislöcher), Wildemannbühel (Montiggler Wald), Jobenbühel (oberhalb Montiggl), Fuchsberg (Missian), Burgstalleck (Gaid). – **Hotel Schloß Korb.** – **Burgruine Boymont** mit Aussichtsplattform (25 m hoch). – Weitere **Burgen und Schlösser:** Schloß Englar, St. Valentin, Aichberg, Paschbach, Freudenstein, Turmbach, Warth, Festenstein, Kreidenturm, Turm am Hangenden Stein.

Eppan, St. Michael

KALTERN AN DER WEINSTRASSE

Marktgemeinde, Provinz Bozen, Einwohnerzahl: 6.350, Seehöhe: 426 m, Postleitzahl: I-39052. **Auskunft:** Tourismusverein Kaltern an der Weinstraße. **Bahnstation:** Bozen (15 km). Busverbindung mit Bozen.
Bergbahn: Mendel-Standseilbahn.

Die Marktgemeinde Kaltern, die neun Fraktionen umfaßt, ist die größte Siedlung im südlichen Überetschgebiet. Der stattliche Ort mit seinen prächtigen Adelssitzen, Bürgerhäusern und Weinbauerngehöften im historischen Ortskern und in der Umgebung bettet sich in eine Mulde zwischen schier endlosen Weinbergen und Obstkulturen, deren Erzeugnisse inter-

Weinlese

nationalen Ruf genießen. Schon eine Urkunde von 1220 weist die Bezeichnung den »vinum di Caldario« als eine Gütemarke unter den Weinen aus. Heute befindet sich hier die größte Tiroler Genossenschaftskellerei. Der Fremdenverkehr bildet seit einigen Jahrzehnten eine weitere wichtige Erwerbsquelle der »Herrgottskinder«, wie Joseph von Görres (1776–1848) die Kalterer Wein- und Obstbauern genannt hat. – Der Name Caldare, auch Caltarn, erscheint bereits im 12. Jh., doch weisen vorgeschichtliche Ziegelgräber und Wallburgen auf eine noch weit frühere Besiedlung hin. Um die Mitte des 15. Jh.s wird der Ort als befestigte Stadtsiedlung genannt, im 17. Jh. erhielt er das Marktrecht, in den Freiheitskriegen zu Beginn des 19. Jh.s zählten die Kalterer zu den oftmals bewährten Gefolgsleuten Andreas Hofers.

Sehenswert

Die **Pfarrkirche,** 1790 erbaut, gotischer Turm, Hochaltar mit Gemälde von Michelangelo Unterberger, 1745, Deckenfresko von Josef Schöpf, Schüler Martin Knollers. – Die **Hl.-Geist-Spitalkirche,** Grabmal Heinrichs von Rottenburg. – **Katharinenkirche,** Fresken aus dem 15. Jh. – **St. Nikolaus,** spätromanisch, um 1300, mit dem an der Westseite errichteten Turm; im Innern der »Reichsadler«, Fresken vom Sohn Tilman Riemenschneiders, Bartlmä Dill, 1529. – Kirche **St. Anton,** Christophorusbildnis an der Außenseite, große Malereien im Innern, 15. Jh. – **St. Vigiluskirche** in Altenburg, gotisch, 1288 erbaut, am Turm St. Christophorus; an der Fassade St. Kumernus, dargestellt als gekreuzigte Jungfrau mit Bart. – Ruine der Kirche **St. Peter,** 5. und 6. Jh.; Felsengrab, angeblich Ruheplatz des Märtyrers St. Vigilius. – **St. Johannes** in Oberplanitzing, erbaut 1186. – **St. Leonhard** in Unterplanitzing. – Ruine **Laimburg** – Ruine **Leuchtenburg** am Kalterer See. – Schloß **Kampan,** 1268 von Konrad Kampaner erbaut, Renaissance-Loggia, kunstvolle Ballustraden, gotische Stube. – Schloß **Salegg,** 1604 erbaut, Inneneinrichtung, Marmorstiegenhaus. – **Schlößl Mühlburg**, schöne Loggien. - Das **Weinmuseum** in der Goldgasse im Zentrum von Kaltern zeigt die kulturgeschichtliche Entwicklung vom Südtiroler Weinbau.

KURTATSCH AN DER WEINSTRASSE

Gemeinde, Provinz Bozen, Einwohnerzahl: 1.800, Seehöhe: 330 m, Postleitzahl: I-39040. **Auskunft:** Tourismusverein Kurtatsch an der Weinstraße. **Bahnstationen:** Margreid-Kurtatsch (2,5 km) und Neumarkt (3,5 km). Busverbindung mit Bozen.

Kurtatsch mit den Ortsteilen Graun, Penon, Entiklar, Rungg und Oberfennberg liegt über dem westlichen Etschtal auf einer erhöhten Hangterrasse. Die Weinstraße verbindet den Ort mit anderen bekannten Weinorten des Unterlandes. Auf den Rebhügeln und Leiten rings um die malerisch gelegene Ortschaft gedeihen die Kurtatscher Edelweine, Hauptsorte der Rote Vernatsch, sowie Lagrein, Weiß- und Blauburgunder. Sie zählen zu den ausgewähltesten Südtiroler Weinen. Kurtatsch ist eine frühgeschichtliche Siedlung. Aus der Römerzeit wurden durch Ausgrabungen interessante Funde zu Tage gefördert. Auch ausgedehnte Gräberfelder konnten freigelegt werden. Im benachbarten, auf einer Wiesenhochfläche liegenden Fennberg mit den Orten Ober- und Unterfennberg befinden sich beliebte Sommerfrischen. In Unterfennberg ist ein kleiner Bergsee, angenehm zum Schwimmen.

Sehenswert

Die **Pfarrkirche zum hl. Viglius,** rom., 13. Jh., Chor und Gewölbe 15. Jh. – Ansitz **Altlehen** des im 16. Jh. ausgestorbenen Geschlechtes der Herren von Anich, heute bäuerlicher Besitz. – Ansitz Entiklar, **Schloß Thurmhof,** beliebte Jausenstation. Die Burgruine der Herren von Wangen, 12. Jh. **Jagdschloß Ulmburg** in Oberfennberg.

KURTINIG AN DER WEINSTRASSE

Gemeinde, Provinz Bozen, Einwohnerzahl: 550, Seehöhe: 212 m, Postleitzahl: I-39040. **Auskunft:** Tourismusverein Kurtinig an der Weinstraße. **Bahnstation:** Salurn (3 km).

Zwischen Salurn und Margreid liegt das Haufendorf Kurtinig in der fruchtbaren Talebene des Etschtals. Umgeben von Weinbergen erheben sich beiderseits der Etsch die Höhenzüge des Gebirges bis über 1.000 Meter hoch.

Margreid

MARGREID AN DER WEINSTRASSE

Gemeinde, Provinz Bozen, Einwohnerzahl: 1.000, Seehöhe: 226 m, Postleitzahl: I-39040. **Auskunft:** Tourismusverein Margreid an der Weinstraße. **Bahnstation:** Margreid-Kurtatsch (2 km).

»Dorf der Torbogen« wird Margreid in landeskundlichen Schriften genannt. Es ist eine sehr alte Niederlassung. Hier saßen früher viele vermögende Besitzer aus Adelskreisen. Die Bauten mit ihren Rundbögen und Portalen erinnern an den ehemaligen Wohlstand. Heute überwiegen bäuerliche Anwesen. Römische Münzfunde und eine Urkunde aus dem Jahr 1181 weisen darauf hin, daß Margreid schon zu alter Zeit zu den wegen ihres Rebenreichtums bevorzugten Niederlassungen zählte. Der Ort liegt als letztes Weindorf an der gleichnamigen Straße. An den Hängen der Talsohle, die sich weiter südlich auf der Höhe von Kurtinig gegen die Salurner Klause zu verengt, findet sich am rechten Etschufer keine Ortschaft mehr. Zu Margreid gehört auch die Fraktion Unterfennberg auf der Hochebene gleichen Namens.

Sehenswert

Die **Pfarrkirche St. Gertraud**, 1343 erwähnt, 1476 und 1627 umgebaut. – **Ansitz Hirschprunn** (schöner Saal mit Fresken und Stuckdecke). – In Unterfennberg das Anwesen mit Wappenschlußstein und den Buchstaben A.F., **Stammhaus des österreichischen Feldmarschalls Fenner von Fennberg** (1750 – 1824). – **Gedenktafel** für den Historienmaler Karl Anrather (1861 – 1893).

PFATTEN

Gemeinde, Provinz Bozen, Einwohnerzahl: 700, Seehöhe: 243 m, Postleitzahl: I-39051. **Auskunft:** siehe Leifers. **Bahnstation:** Branzoll (2 km). Busverbindung ab Branzoll mit Bozen.

Sehenswert

Pfarrkirche, neuromanisch. - Ehemalige **St. Jakobskirche**, seit 1820 nur mehr der romanische Turm erhalten. - **Ruinen Laimburg und Leuchtenburg**. - **Landes-Fachschule für Obst- und Weinbau** und **Gärtnerei** mit landwirtschaftlichem Versuchszentrum.

TRAMIN AN DER WEINSTRASSE

Marktgemeinde, Provinz Bozen, Einwohnerzahl: 3.000, Seehöhe: 276 - 430 m, Postleitzahl: I-39040. **Auskunft:** Tourismusverein Tramin an der Weinstraße. **Bahnstation:** Auer (4 km).

Tramin liegt am westlichen Hang des Etschtals zu Füßen des Roèn-Stokkes. Die »Pergeln« dieser Urheimat des Südtiroler Weinbaus dehnen sich von den Weilern Rungg und Graun bis Söll im Norden aus, sie begleiten die Weinstraße und schieben sich bis an die mit Obstgärten bebauten Etschniederungen vor. Neben anderen köstlichen Sorten gedeiht hier der Gewürztraminer, der den Namen dieses Weindorfs trägt.

Tramignum, wie es die Römer nannten, war schon in vorgeschichtlicher Zeit besiedelt worden. Als »Tremini« wurde es dann zur Zeit der Hohenstaufenkaiser erwähnt. Damals gewährten die Bischöfe von Trient, die Lehensherren dieses Gebietes waren, ein erbliches Weinbergrecht. Im Jahr 1451 zum Markt erhoben, unterstand Tramin von 1777 an der tirolischen Landesverwaltung.

Das Ortsbild von Tramin wird von seinem Charakter als Weindorf geprägt. Stattliche Weinbauernhöfe, Adelsansitze und gemütliche Gasthöfe reihen sich an bereits südländisch anmutende Gassen. Aus den Weinbergen ringsum leuchten hier und da die Weiler und Einzelhöfe auf, überragt von den zerklüfteten Abstürzen des Roèn.

Sehenswert

Die **Pfarrkirche** zu den Hl. Quiricus und Julitta, eine langobardische Stiftung aus dem Jahr 850, die 1022 neu errichtet wurde; Chor um 1400, neugotisches Langhaus 1910/11. Im Innern prächtige Fresken aus dem 15. Jh., Hochaltarbild von Martin Knoller. Der frühere gotische Altar befindet sich im bayerischen Nationalmuseum in München. — Der **Turm der Pfarrkirche** aus dem 14. Jh., mit 93 m der höchste gemauerte Kirchturm Südtirols. Er ist neben dem Turm der Bozner Pfarrkirche eines der schönsten gotischen Kunstwerke des Landes; mit achteckigem Spitzhelm. — Die Friedhofskirche **St. Valentin** in den Weinbergen, frühgotisch (13./14. Jh.). Im Innern zahlreiche Fresken (1380—1430), St. Valentinsfigur aus dem 15. Jh. - Die romanische **St. Jakob Kirche in Kastellaz** aus dem 12. Jh. birgt in der Apsis einen hochinteressanten romanischen Freskenzyklus: Christus mit den Evangelistensymbolen, die zwölf Apostel und phantastisch-dämonenhafte Fabel- und Zwitterwesen als Symbole des Bösen. Daneben auch gotische Fresken (1441) mit Evangelisten und Kirchenlehrern, die Ambrosius, einem Gehilfen des Meisters Johannes von Bruneck, zugeschrieben werden. — Das romanische Kirchlein **St. Mauritius** in Söll. Hochaltar um 1520, Bildtafel »Adam und Eva« nach Bartholomäus Dill, einem Sohn von Tilman Riemenschneider; außerdem Ritterfiguren. — Vor der Kirche eine Steinplatte, die vermutlich als Richtertisch verwendet wurde. - Das **Traminer Dorfmuseum**.

Wanderungen an der Südtiroler Weinstraße

❶ **Rundwanderung:** Andrian — Gaid — Hocheppan — Andrian

Ausgangspunkt: Andrian
Parken: Dorfplatz
Höhenunterschied: 620 m
Wanderzeit: 4 Stunden
Schwierigkeitsgrad: mittel!
Einkehr: Jausenstation Gaid, Burg Hocheppan

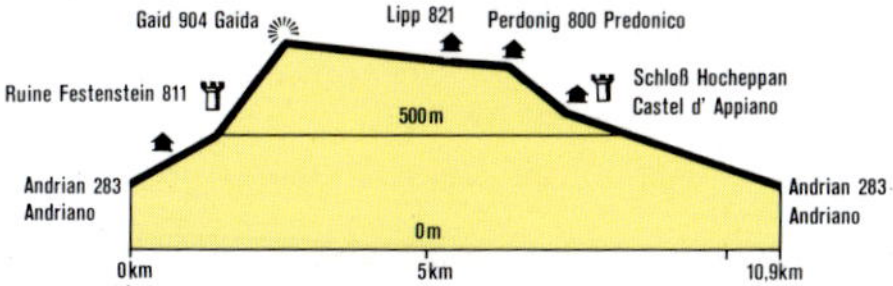

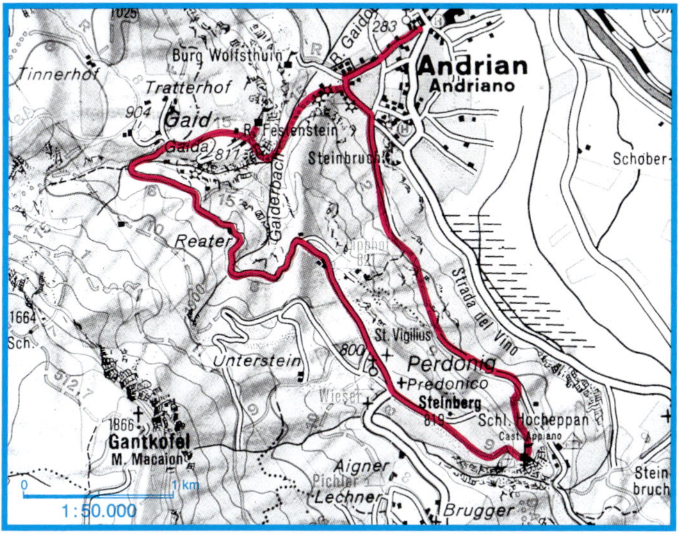

Tourenverlauf: Vom Dorfzentrum aufwärts wandern wir in westlicher Richtung immer geradeaus mit Orientierungspunkt Gaider Schlucht. Beim letzten Haus links vorbei nähern wir uns in kurzer Zeit dem Gaider Bach. Über Wildbachverbauungen und einem kleinen Wasserspeicher stoßen wir zum Beginn des WW Nr. 15 (Weg bis hierhin nach starkem Regen oft schwer passierbar). Über einen schmalen, doch gut begehbaren Steig geht es in die Gaider Schlucht hinein, und wir erreichen nach z. T. steilem Aufstieg die in ihrer Art einzigartige Ruine Festenstein. Diese befindet sich auf einem schmalen Felsvorsprung; der Bergfried wurde überhaupt nur rund um eine steil aufragende Felszinne gebaut. Etwas mühsam ist der Anstieg nach Gaid über einen Serpentinenweg, vorbei an ein paar Gehöften, bis wir das Kirchlein von Gaid erblicken. Nun wandern wir über die wenig befahrene Asphaltstraße von Gaid ca. 1¼ Std. lang nach Perdonig, bis wir in einer Rechtskehre der Straße (Neubauten) links nach Hocheppan, dem einst stolzen Schloß des Eppaner Adelsgeschlechts abzweigen. Nach Rast und Einkehr in der Burgschenke steigen wir kurz zum WW 2 Richtung Andrian ab.

2 **Rundwanderung:** Gaid – St. Apollonia – Gaid

Ausgangspunkt: Gaid
Parken: bei der Kirche
Höhenunterschied: 420 m
Wanderzeit: 3½ Stunden
Schwierigkeitsgrad: leicht!
Einkehr: GH Messner, St. Apollonia, Jägerwirt

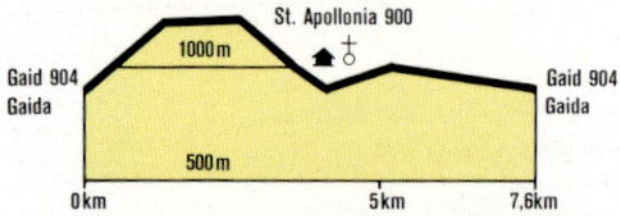

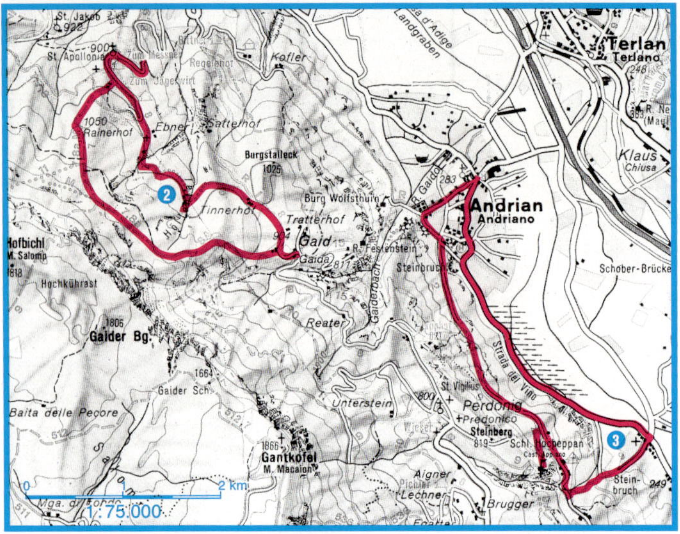

Tourenverlauf: In Gaid führt der Weg zuerst an der Kirche vorbei. Wir zweigen kurz darauf links in den Weg ab, der in Richtung Gaider Scharte markiert ist. Nach wenigen Minuten verlassen wir diese Markierung wiederum, indem wir rechterhand den Weg 8 A aufwärts zu den Gaider Wiesen benutzen. Später wird es wieder etwas flacher; bei einer weiteren Gabelung halten wir uns rechts. Nach Überqueren eines Bächleins erreichen wir bei den Gaider Bergwiesen unseren höchsten Punkt. Wir halten uns nun bei der nächsten Abzweigung abermals rechts und gelangen nach gemütlichem Abstieg zu den ersten Höfen des Weilers rund um den malerischen Kapellenhügel von St. Apollonia. Dort sind Wallburgenreste aus der Zeit von 2000 v. Chr. bis zur Römerzeit erhalten. Reizvoll sind von hier aus die Ausblicke ins obere Etschtal bis nach Meran, besonders im Frühling und im Herbst, wo die schneebedeckten Gipfel zum »Obstgarten« des Etschtales einen wunderschönen Kontrast bilden. Am Rückweg wandern wir kurz ein Stück die Asphaltstraße aufwärts zurück. Wir zweigen jedoch bald links in den beschilderten WW 8 nach Gaid ab, der uns durch z. T. herrliche Laubwälder (im Herbst viele Edelkastanien) und die oberen zwei Täler der Payersbachschlucht zurück nach Gaid führt.

Rast in Hocheppan

3 **Rundwanderung:** Andrian — Unterrain — Hocheppan — Andrian

Ausgangspunkt: Andrian
Parken: am Dorfplatz
Höhenunterschied: 370 m
Wanderzeit: 3 Stunden
Schwierigkeitsgrad: leicht!
Einkehr: in Unterrain, Schloß Hocheppan, Jausenstation Ebner
Karte: siehe Seite 30

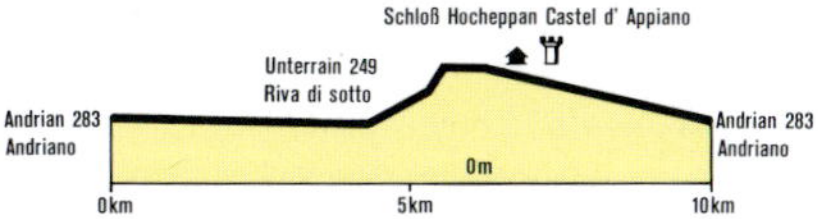

Tourenverlauf: Am Andrianer Hauptplatz biegen wir beim GH Schwarzadler links in die Wolfsturnstraße ein. Wir folgen dieser Richtung Süden und bleiben bei einer Gabelung links auf der Straße nach Unterrain. Wir wandern nun entlang der Straße am westlichen Rand des Etschtales vorbei an Wein- und Obstgärten. Links der Straße befindet sich ein naturbelassenes Sumpfgebiet. Nach einer Stunde erreichen wir das Dorf Unterrain (als Variante kann man beim »Hängenden Stoan« [Felswand] gleich auf den Weg Nr. 9 einschwenken). Beim Bildstock rechts geht es nun an ein paar Gehöften und Häusern vorbei in einen bewaldeten Graben. Über einen mit »9« markierten Weg nun ständig aufwärts, bis wir bei einer Kurve eine Asphaltstraße erreichen. Steil über uns erhebt sich die 1125 bis 1130 erbaute Burg Hocheppan. Der Asphaltstraße und später einem Fahrweg folgend, betreten wir die gut erhaltene Burgruine, die uns herrliche Ausblicke sowohl ins Etschtal wie auch ins Bozner Becken gewährt. Der kulturgeschichtlich Interessierte wird sich die Besichtigung der aus dem Jahre 1208 stammenden Fresken in der Burgkapelle nicht entgehen lassen. Der Rückweg nach Andrian erfolgte wie bei Tour Nr. 1 über den Hocheppaner Weg.

4 **Bergwanderung:** Perdonig – Gantkofel, 1.866 m

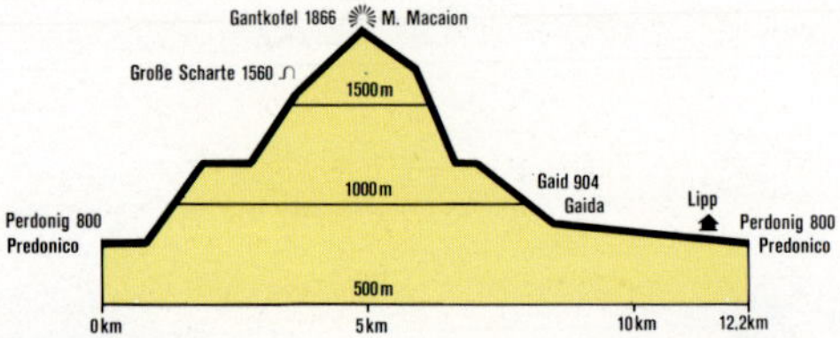

Ausgangspunkt: Perdonig
Parken: beim GH Wieser
Höhenunterschied: 1.070 m

Wanderzeit: 5 Stunden
Schwierigkeitsgrad: mittel!
Einkehr: GH Wieser, in Perdonig

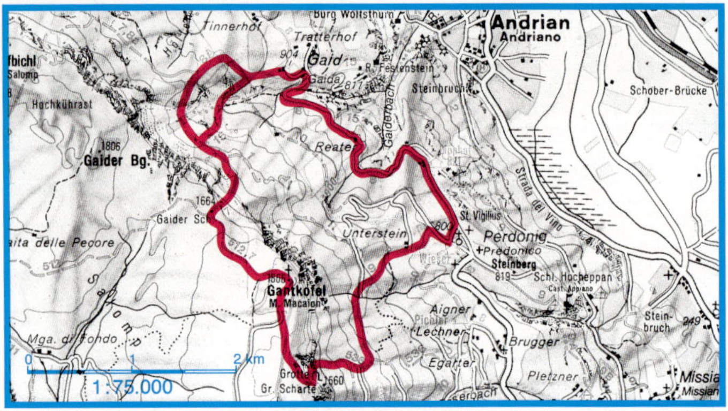

Tourenverlauf: Links neben dem GH Wieser beginnt die Asphaltstraße, der wir wenige Minuten bergan folgen. Wir zweigen darauf links in den Feldweg ab, der (beschildert) in den Laubwald führt und den wir nun weiter benützen. Bei einer neuerlichen Gabelung bleiben wir auf dem Weg mit der Markierung »9« und passieren den Untersteiner Hof. Der Weg wird nun etwas steiler; wir queren eine Forststraße, die wir später bei einem Bächlein betreten. Bald darauf erreichen wir den Weg Nr. 536, dem wir rechts abbiegend bergwärts folgen. Nach etwa 1½ Stunden teilweise steilem Aufstieg erreichen wir am Kamm die »Große Scharte«. (Im oberen Drittel links oben Bärengrotte sichtbar. Achtung! Abstecher dorthin nicht ungefährlich! Z. T. brüchiger Felssteig.) Kurz nach der Scharte zweigt rechts der Weg Nr. 512 ab, der uns als sanfter Almsteig zum aussichtsreichen Gipfel des Gantkofels führt. Der Abstieg führt angenehm über den Weg 512 in nördliche Richtung zur Gaider Scharte. Hier benutzen wir vorerst den Weg Nr. 7 über die aussichtsreiche »Eisenstatt« und weiter über einen schmalen Steig (z. T. Vorsicht geboten!) in Richtung Norden. Wir kommen zur Gabelung der Wege Nr. 7 und 15. Wir können nun über den etwas kürzeren, doch schwierigeren Weg 15, am Weg Nr. 11 oder den längeren, doch leichteren Weg 7 (später 8 a) Gaid erreichen. Von hier Rückweg auf der Asphaltstraße nach Perdonig.

5 **Bergwanderung:** Buchwald – Kematscharte – Neuer Weg – Buchwald

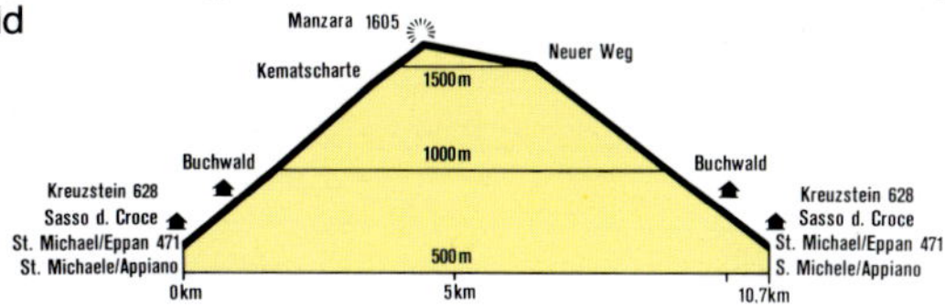

Ausgangspunkt: GH Buchwald
Parken: Wald bei Abzw. zum GH Buchwald
Höhenunterschied: 970 m

Schwierigkeitsgrad: mittel!
Wanderzeit: 6 Stunden
Einkehr: GH Buchwald

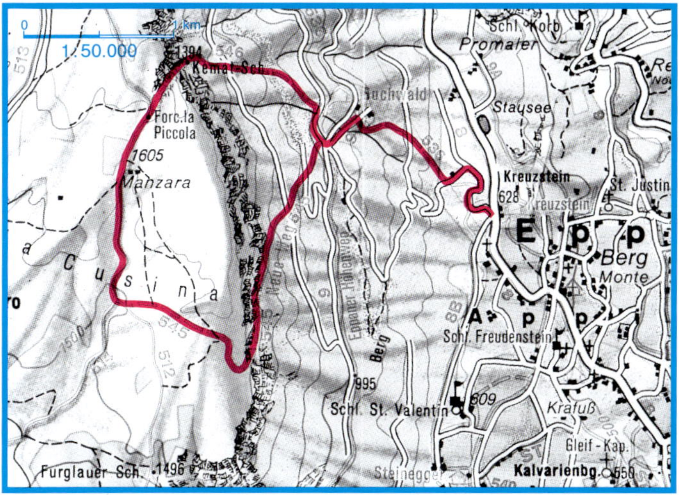

Tourenverlauf: Das Gasthaus Buchwald ist zwar auch über einen kurvenreichen Fahrweg mit dem Auto erreichbar, man kann die Tour aber auch schon nahe dem GH Kreuzstein beginnen, wo der Weg zum GH Buchwald abzweigt. Hier führt der Weg Nr. 536 durch schöne Kiefernwälder hinauf. Vom Gasthaus aus benutzen wir den Weg mit der Markierung »546«, der uns unter ständigem Anstieg zum Forsthaus mit einem kleinen Teich führt. Nun wird der Weg zusehends steiler und nach einer kleinen Linkskehre steigen wir durch den sogenannten Kamin, einer Felsrinne, steil hinauf zur Kematscharte. (Wunderbare Aussicht!) Rechts abbiegend geht es in 15 Minuten zum Gipfelkreuz. Zurück bei der Scharte, führt nun links abzweigend ein wunderschöner Weg über Almen zu ein paar Forsthütten. Hier folgen wir weiter dem Weg 512 in südliche Richtung. Nahe der Prinzhütte schwenken wir nach links auf den Weg 545 über Almmatten zu den Niederfringer Wiesen. Hier ändert der Weg seine Richtung: Er führt zum Kamm mit seiner wiederum wunderbaren Aussicht und danach steil über z. T. felsiges und bewaldetes Gelände in nordöstliche Richtung talwärts zu einer Forststraße. Diese queren wir und nach kurzer Wanderung erreichen wir das GH Buchwald bzw. unseren Ausgangspunkt.

6 **Rundwanderung:** St. Pauls – Ruine Boymont – Stausee – Kreuzstein – St. Pauls

Ausgangspunkt: Eppan/St. Pauls
Parken: Dorfzentrum, vor der Kirche
Höhenunterschied: 240 m
Wanderzeit: 2½ Stunden
Schwierigkeitsgrad: leicht!
Einkehr: Schloß Korb, Ruine Boymont, Kreuzstein

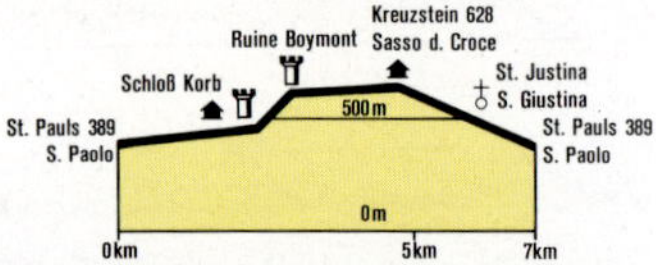

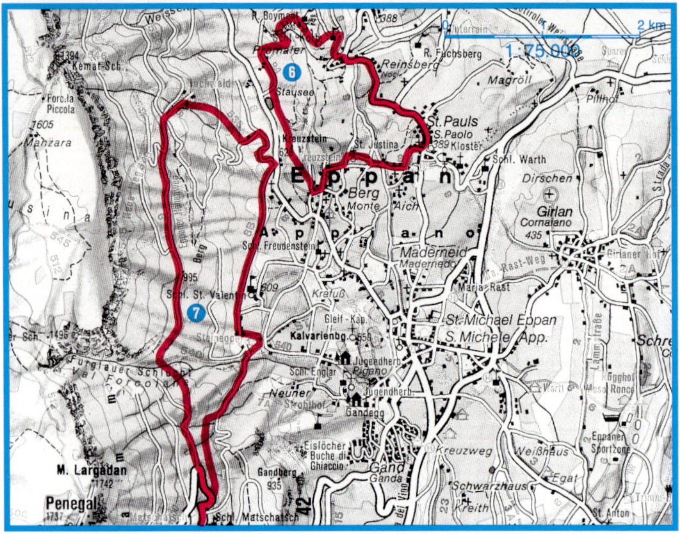

Tourenverlauf: Vom Dorfzentrum mit dem »Dom am Lande« (erbaut 1461–1467, Turmhöhe 86,2 m) aus wandern wir durch das schmale Gäßlein nordwärts aus dem Dorf über einen Hügel leicht abwärts und zweigen links in die Straße nach Missian-Korb ab. Im Auf und Ab führt nun dieser Weg vorbei an kaum überblickbaren Weingärten, bis wir mehrmals das berühmte Burgendreieck zu Gesicht bekommen (unten Schloß Korb, oben Burgruine Boymont, im Hintergrund die Burg Hocheppan mit rechts unten dem Kreideturm). Bei den folgenden Abzweigungen richten wir uns nach den Wegweisern zum Schloß Korb, das wir auch bald erreichen (keine Besichtigung möglich, da Hotelbetrieb). Oberhalb der hinter dem Schloß befindlichen Tennisplätze führt nun der Weg durch Laubwald hinauf zur Ruine des Schlosses Boymont, von dessen einstiger Pracht die vorhandenen Ruinen noch immer eindrucksvoll zeugen. Über den mit »9 A« markierten Steig führt nun der Weg weiter, der bei einem kleinen Stausee in die Hauptstraße einmündet. Wir können auch den am Ostufer des Sees vorbeiführenden Weg zum GH Kreuzstein benützen; er ist unwesentlich länger als die Wanderung über die Asphaltstraße. Hinter dem GH Kreuzstein führt ein markierter Weg über den Ortsteil Berg hinunter nach St. Pauls/Eppan. Der markante Kirchturm ist dabei unverfehlbarer Orientierungspunkt.

St. Pauls, »Dom am Lande«

7 **Höhenwanderung:** Eppaner Höhenweg

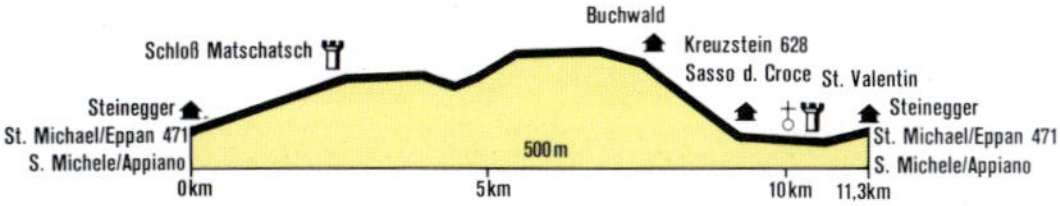

Ausgangspunkt: Eppan/Pigenò
Parken: GH Steinegger
Höhenunterschied: 450 m
Wanderzeit: 5 Stunden

Schwierigkeitsgrad: leicht!
Einkehr: Steinegger, Buchwald, Wieser, Kreuzstein
Karte: siehe Seite 34

Tourenverlauf: Am Fuß des Mendelkammes liegt in herrlicher Lage der Gasthof Steinegger, wo wir unsere Wanderung beginnen. Links am Haus vorbei führt der Weg ein Stück hinauf bis zu einer großen Wegkreuzung (zahlreiche Wegweiser). Wir halten uns links über den Forstweg Nr. 7 und erreichen nach leichter Wanderung den Matschatscher Berg sowie das Schloss Matschatsch (nicht zu besichtigen!) und die Mendelstraße. Wir wandern zwei Kurven bergwärts, bis wir zur Kehre Nr. 6 (Michaeler Kurve) kommen. Hier geht in der Kehre als bequeme Forststraße der Eppaner Höhenweg rechts ab. Im Hinblick auf Aussicht und Idylle gehört dieser fast immer flach am Hang entlangführende Weg sicher zu den Wegen in diesem Gebiet, die ihresgleichen suchen. Wir durchqueren dabei auch die Furglauer Schlucht und erreichen nach ca. 2 Stunden Höhenwegwanderung den Gasthof Buchwald. Hier steigen wir über den Weg 536 durch Föhrenwald Richtung Kreuzstein ab. Sollten wir nicht beim dortigen Gasthof Einkehr halten wollen, können wir kurz vor Erreichen desselben rechts in die mit 8 B markierte Forststraße abzweigen, die uns in südliche Richtung herrlich am oberen Rand des Eppaner Weinbaugebietes zurück zum GH Steinegger führt.

8 **Wanderung:** Spaziergang zum Schloß Sigmundskron

Ausgangspunkt: Frangart
Parken: Mendelhof beim Bahnübergang
Höhenunterschied: 120 m
Wanderzeit: 1½ Stunden
Schwierigkeitsgrad: leicht!
Einkehr: Mendelhof, Schloßwirt

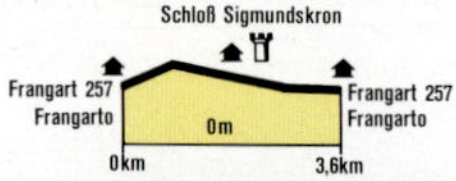

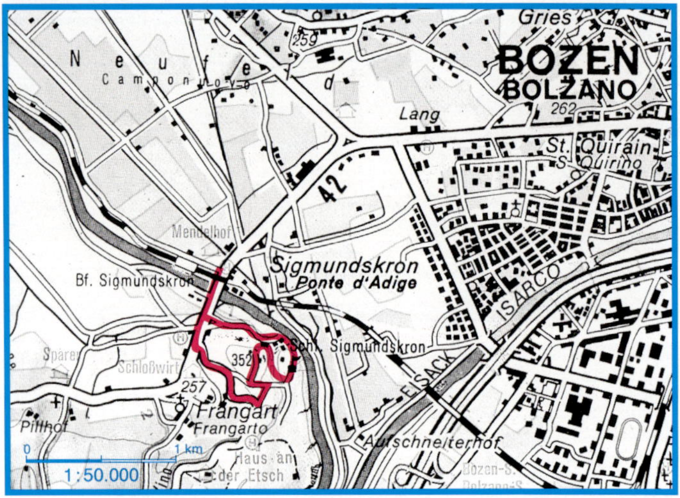

Tourenverlauf: Beim Mendelhof überqueren wir die Bahn und Etsch, danach auch noch die kleine Brücke über den Etschgraben. Gleich danach zweigt links ein Fußweg ab, der zur Burg hinaufführt. Wir können auch noch 50 m weiter links über die Weinstraße Richtung Girlan weiterwandern. Nach etwa 400 m biegt links der Zufahrtsweg nach Sigmundskron ab. Auf diesem Weg stößt man zuerst ans untere Burgtor und in den großen restaurierten Innenhof, wo sich auch das Restaurant befindet. Sigmundskron zählt zu den größten, bekanntesten und auch ältesten Burganlagen Südtirols (954 erstmals erwähnt), sodaß sich eine »Wanderung« allein durch das ausgedehnte Burg- und Ruinengelände lohnt. Der untere Teil ist als eine Art Vorburg zu betrachten; der obere Teil ist nur erreichbar, indem wir die Vorburg durch das Tor verlassen und nach 50 m links über Steinstufen zwischen Buschwerk hindurch emporsteigen. Durch ein Tor betreten wir den heute bereits urwaldähnlichen Innenhof, der an jeder Ecke von Rundtürmen eingesäumt ist. Durch dieses Dickicht hindurch führt der Weg auf die 3. Stufe der Burganlage kurz steil hinauf, wo sich auf einem erhöhten Felsen die Burgkapelle mit einigen schönen freigelegten Fresken befindet. Von hier aus läßt sich auch die strategische Bedeutung der Burg gut erklären: Man hat einen prachtvollen Überblick nach Bozen sowie ins obere und untere Etschtal. Danach steigen wir wieder über den Aufstiegsweg Richtung Mendelhof ab.

9 **Rundwanderung:** Girlan — Schreckbichl — Montiggler Seen — St. Michael — Girlan

Ausganspunkt: Girlan
Parken: im Dorf
Höhenunterschied: 150 m
Wanderzeit: 4½ Stunden
Schwierigkeitsgrad: leicht!
Einkehren: Schreckbichl, Montiggl-Strandbad

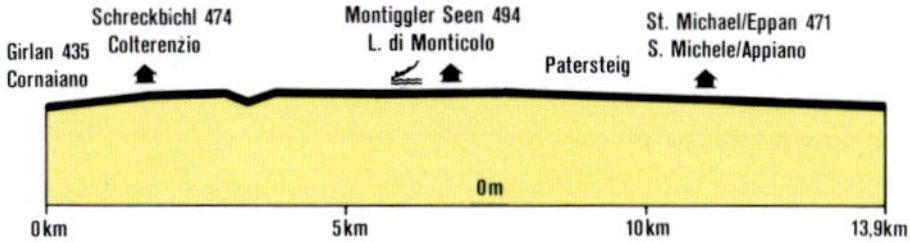

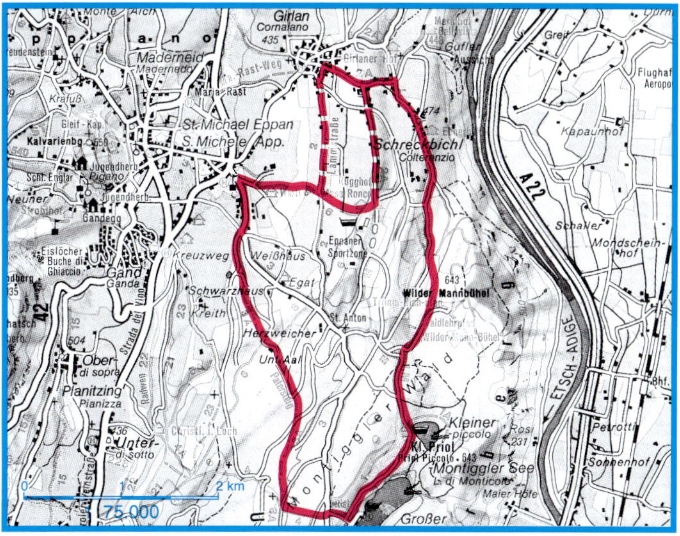

Tourenverlauf: Wir wandern im Dorf Girlan/Eppan die St. Martinstraße Richtung Jesuheim dorfauswärts und gelangen nach kurzer Zeit nach Schreckbichl. Hier bis zum Ende der Asphaltstraße; danach Wegteilung (links Neubau). Wir benutzen die rechte Forststraße und folgen fortan der Markierung »Nr. 1«, die uns durch Wald und dann über einen Hohlweg leicht bergan führt. Wir betreten eine Forststraße, der wir nun wieder rechts leicht talwärts folgen. Wir stoßen bald darauf zum Weg »M«, der uns in kurzer Zeit durch herrlichen Mischwald zum kleinen Montiggler Badesee (5,5 km) führt. Wir wandern nun eine Viertelstunde der Fahrstraße entlang weiter und erreichen das Strandbad am Großen Montiggler See (18 ha) (Bademöglichkeit). Oberhalb des Strandbades führt der Weg neben der Asphaltstraße ein kurzes Stück westlich bergan (Nr. 4). Wir überqueren die Hauptstraße nach St. Michael und die Zufahrtsstraße nach Montiggl. Wenige Minuten später biegen wir rechts in den Weg »3 A, Patersteig« ab, der im Auf und Ab den prächtigen Montiggler Wald durchmißt. Beim Gehöft Schwarzhaus erreichen wir wiederum eine Fahrstraße. Wir folgen dieser weiter nordwärts bis zur Kreuzung (Ampel). Kurz darauf zweimal rechts bis zum Weg Nr. »6«, der uns zu einer der wenig befahrenen Straßen nach Girlan führt, entweder Nr. 2 »Lammweg« oder Nr. 2 A »Rungghof«.

10 **Wanderung:** Auf den Wilden Mannbühel, 643 m

Ausgangspunkt: Girlan
Parken: im Dorf
Höhenunterschied: 210 m
Wanderzeit: 3 Stunden
Schwierigkeitsgrad: leicht!
Einkehr: Ebnerhof, Jausenstation in Schreckbichl

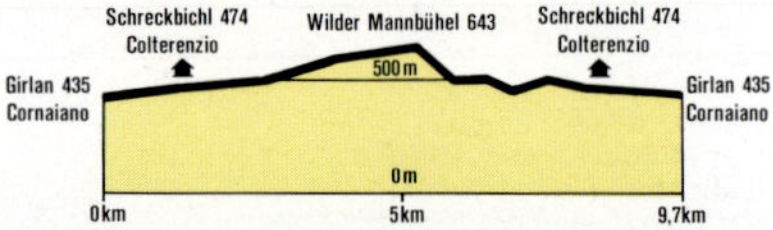

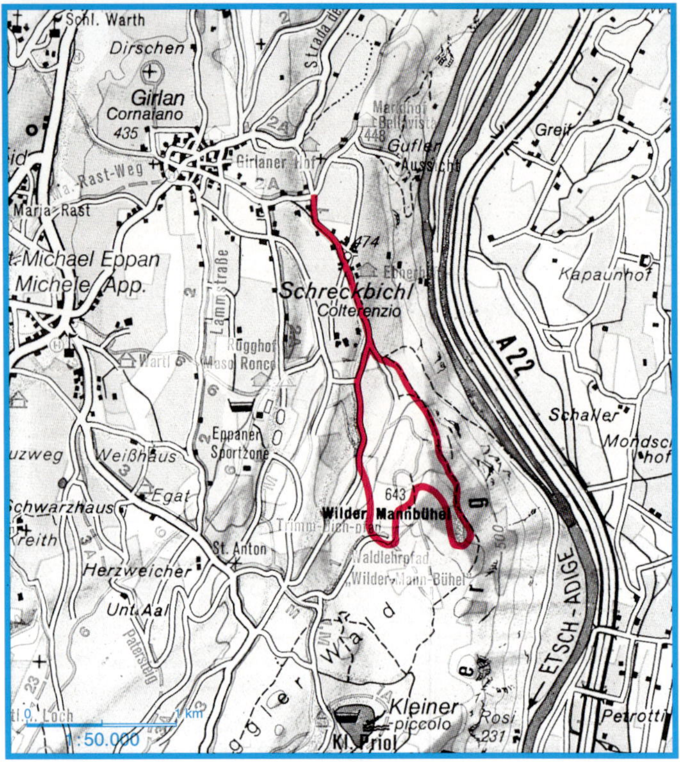

Tourenverlauf: Der Wilde Mannbühel ist mit 643 m die höchste Erhebung im nördlichen Mitterbergkamm und war in vorgeschichtlicher Zeit ein Siedlungsplatz, wovon heute noch Reste zeugen. Die Wanderung beginnt wie bei Tour Nr. 9 und ist bis zum Ende der Asphaltstraße in Schreckbichl identisch. Bei der Teilung der Forststraßen kann man wie bei Tour 9 über den Hohlweg (Nr. 1) zur oberen Forststraße und dann links weiter nach der Beschilderung leicht auf den Gipfel gelangen. Folgende Variante ist jedoch reizvoller, jedoch ohne Markierung, daher gute Orientierung erforderlich. Bei der Gabelung der Forststraße benutzen wir die linke (beschr. »Forststraße Harrer«) ca. 10 Minuten. Immer geradeaus nehmen wir in einem

Bauer bei der Apfelernte

Waldstück bei der Kreuzung links den Weg aufwärts. Diesen hinauf und kurz durch das Buschwerk hindurch. Jetzt wird das Etschtal sichtbar. Der Weg führt nun in südliche Richtung immer gleichmäßig bergauf, bis bei einer kleinen Lichtung eine Rechtskehre folgt (Jagdhochstand). Hier verbreitert sich der Weg zu einer grasbewachsenen Forststraße. Nach einer Linkskehre führt diese eben in einigen Kurven um den Berg herum, kurz unter Felsen abwärts, dann kurz aufwärts bis zur Linksabzweigung zum Gipfel, der hier leicht in 15 Minuten erreichbar ist. Der Abstieg kann dann von dieser Abzweigung aus nach der Beschilderung (Schreckbichl) über die Forststraße angetreten werden.

⑪ **Rundwanderung:** St. Michael – Eislöcher – St. Michael

Ausgangspunkt: St. Michael/Eppan
Parken: großer Parkplatz Dorfmitte
Höhenunterschied: 100 m
Wanderzeit: 1½ Stunden
Schwierigkeitsgrad: leicht!
Einkehr: Stroblhof

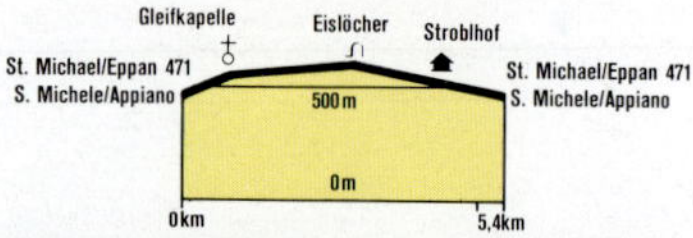

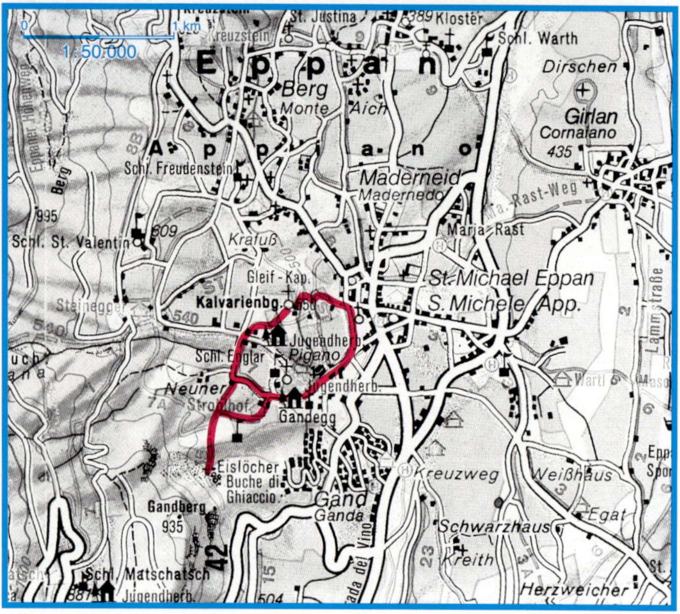

Tourenverlauf: Die Eislöcher bei St. Michael–Eppan stellen ein einzigartiges Ausflugsziel bei St. Michael dar. In einer kleinen Geländemulde inmitten eines Bergsturzgebietes findet sich auf einem 200 m langen und nur 20–40 m breiten Bereich eine Kleinklimazone, die besonders im Hochsommer einen gravierenden Unterschied zu ihrer Umgebung bildet. Aus Felsspalten entströmt Kaltluft und manchmal ist darin im Hochsommer Eis vorzufinden. Das führt natürlich auch dazu, daß hier Pflanzen wachsen, die sonst nur in weitaus höheren Lagen vorzufinden sind, so z. B. die rostfarbige Alpenrose. W. Pfaff erklärt das Phänomen der Eislöcher als physikalische Windröhre, wobei schwere Kaltluft in Gesteinsklüften absinkt und bei den Eislöchern austritt. Im Ausgleich wird Warmluft in Öffnungen in der Geröllhalde (oben) angesaugt.
Wir erreichen diese Eislöcher, indem wir westlich des Dorfparkplatzes in St. Michael zur markant auf einer Anhöhe befindlichen Gleifkapelle emporsteigen. Hinter der Kapelle führt der Weg hinab zu einer Asphaltstraße, der wir links weiter folgen. Bei einer Linkskurve der Straße führt geradeaus weiter gut beschildert der Weg in 15 Minuten zu den Eislöchern (strengstes Na-

Blick von Boymont auf St. Pauls und Weißhorn

turschutzgebiet!). An heißen Tagen sei das Mitnehmen einer Jacke empfehlenswert, da Erkältungsgefahr besteht. Der Rückweg führt wieder bis zur vorhin genannten Linkskurve; wir biegen hier rechts nach Eppan/Pigenò ab (rechts Stroblhof) und wandern ortseinwärts zwischen den Schlössern Englar und Gandegg hindurch bis zum Ende des Pigenòer Weges. Dann links über die Mendelstraße und den Josef Innerhofer-Weg wieder zurück zum Ausgangspunkt.

⓬ **Höhenwanderung:** Mendelpaß – Penegal, 1.737 m – Furglauer Schlucht – St. Michael

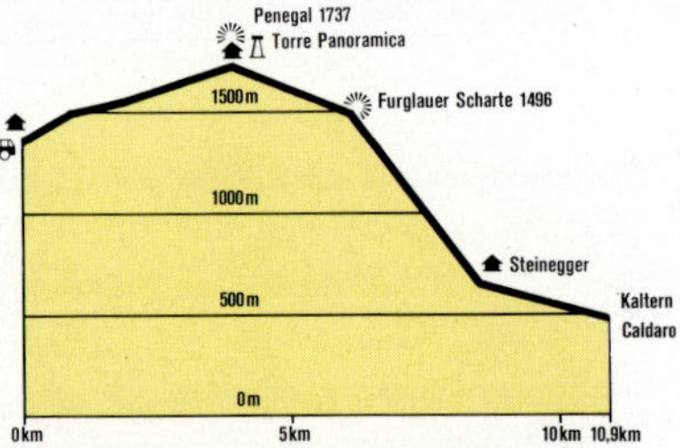

Ausgangspunkt: Mendelpaß
Parken: Talstation Mendelbahn in Kaltern
Höhenunterschied: 1.200 m
Wanderzeit: 4½ Stunden
Schwierigkeitsgrad: mittel!
Einkehr: am Penegal oder in St. Michael

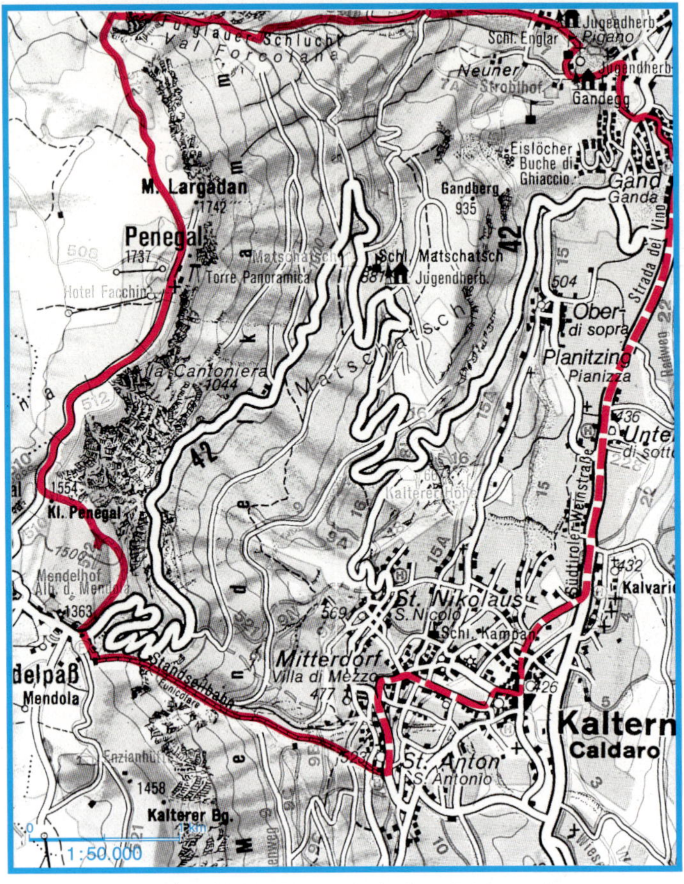

Kaltern mit Penegal (Fernsehturm), 1737 m

Tourenverlauf: Mit der 1903 erbauten Standseilbahn wird uns die Auffahrt zum Mendelpaß erleichtert. Am Mendelpaß beginnt unsere Wanderung rechts vom „Albergo Dolomiti". Wir wandern in 1½ Std. über den gut beschilderten Weg und später über die Asphaltstraße zum Gipfel des Penegal. Dieser Gipfel mit seinem Aussichtsturm gehört zweifellos zu den schönsten Panoramaplätzen in Südtirol. Herrlich ist der Tiefblick ins Überetsch, in die Dolomiten, Zentralalpen sowie zur Ortler- und Brentagruppe. Tief unter uns ruht der Kalterer See und die beiden Montiggler Seen sind zwischen den Wäldern auszumachen. Im Süden ist die Salurner Klause erkennbar. Wir verlassen diesen Ort und wandern nun unterhalb des Restaurant weiter Richtung Norden mit Orientierungspunkt Fernsehturm. Wir halten uns immer leicht abwärts auf Weg Nr. 512 und gelangen zur Furglauer Scharte. Hier beginnt nun ein teilweise steiler (nur für Geübte!), doch sehr reizvoller Abstieg zwischen den Felswänden der Furglauer Schlucht. Nach ca. 2 Std. Abstieg von der Scharte erreichen wir beim Gasthaus Steinegger St. Michael/Eppan. Wir wandern über eine der mehreren Möglichkeiten (z. B. Richtung Kreuzweg) Richtung Osten zur Weinstraße und kehren mit dem Bus zum Ausgangspunkt in Kaltern zurück.

13 **Rundwanderung:** Rund um die Montiggler Seen

Ausgangspunkt: Montiggl
Parken: Strandbad am großen See
Höhenunterschied: 20 m
Wanderzeit: 1½ Stunden
Schwierigkeitsgrad: leicht!
Einkehr: verschiedene GH an den Seen

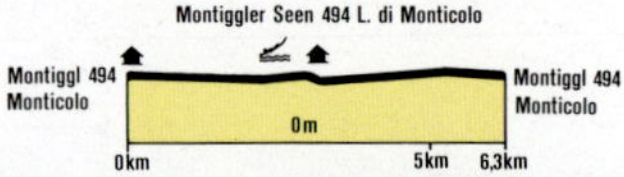

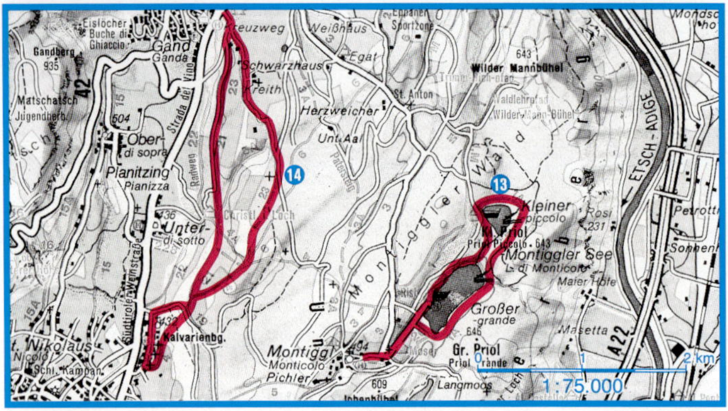

Tourenverlauf: Bei dieser Wanderung handelt es sich um einen Spaziergang um die mitten in herrlichem Waldgebiet gelegenen Seen; eine Wanderung, die auch mit kleinen Kindern gefahrlos unternommen werden kann. Am großen Parkplatz beginnt der Weg neben dem Eingang zum Strandbad. Wir steigen die langgezogenen Treppen neben dem Seerestaurant westwärts empor zur Fahrstraße. Nördlich vom großen See folgt eine kleine Senke, und wir erreichen nach kurzer Zeit den kleinen See mit dem Parkplatz am nordwestlichen Ufer. Dicht am Ufer entlang führt der Weg (»1a«). Die ¾-Umrundung des Sees erfolgt rasch und wir biegen links auf den Weg 1 A ab, der durch ein Waldstück zum Nordufer des großen Sees zieht. Hier nun zum sogenannten »Hängenden Stoan«, einem beliebten Badeplatz. Am Ostufer entlang geht es zum rötlich schimmernden Schlößl, über einen Feldweg zur Seezufahrtsstraße und zurück zum Ausgangspunkt.

14 **Wanderung:** Kaltern – Kreith – Kreuzweg – Alte Bahntrasse

Ausgangspunkt: Kaltern
Parken: Platz bei den Großkellereien
Höhenunterschied: 90 m
Wanderzeit: 4 Stunden
Schwierigkeitsgrad: leicht!
Einkehr: Kreuzweger Hof, Christl i. Loch
Karte: siehe oben

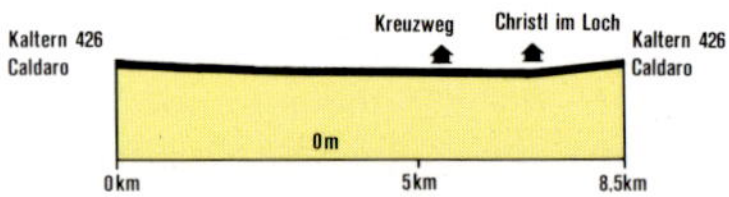

Tourenverlauf: Ausgangspunkt ist der Bahnhofsplatz bei den Großkellereien an der Weinstraße in Kaltern. Zuerst quert man diesen Platz in südliche Richtung und biegt vor einem Café links in die Keltereistraße ein. Bald darauf erreichen wir den Weg Nr. 4, der über den Kalvarienberg zum soge-

Kaltern mit Kalterer See

nannten »Altenloch« führt. Bei der nächstfolgenden Weggabelung (nach einem Weinberg links) führt der Weg 23 nun durch schönen Mischwald und dann durch weitläufige Weinpflanzungen bis zum malerischen Gehöft Kreith mit seiner Kapelle. Über einen Fahrweg gelangen wir zum Kreuzweger Hof an der Weinstraße. Für den Rückweg haben wir nun die Wahl, vom Kreuzweger Hof etwa 100 m den Weg zurück und dann geradeaus am Weg Nr. 21 über Lavesontal zurück zum Altenloch und zum Ausgangspunkt zu gelangen oder die vom Kreuzweger Hof an der Weinstraße abzweigende alte Bahntrasse der Überetscher Bahn als Rückweg zu benutzen. Letzterer Weg wird jedoch in diesem Führer auch als Radwanderweg empfohlen.

15 **Bergwanderung:** Über den »Telefonsteig« zum Mendelpaß

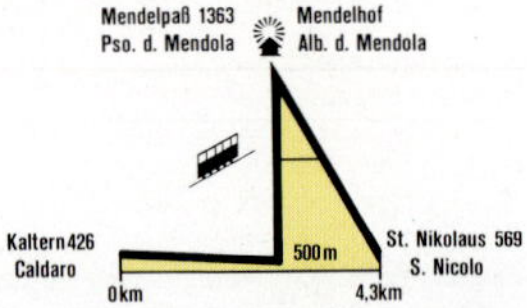

Ausgangspunkt: Kaltern/St. Nikolaus
Parken: Nähe der Kirche
Höhenunterschied: 840 m
Wanderzeit: 3 Stunden
Schwierigkeitsgrad: mittel!
Einkehr: am Mendelpaß

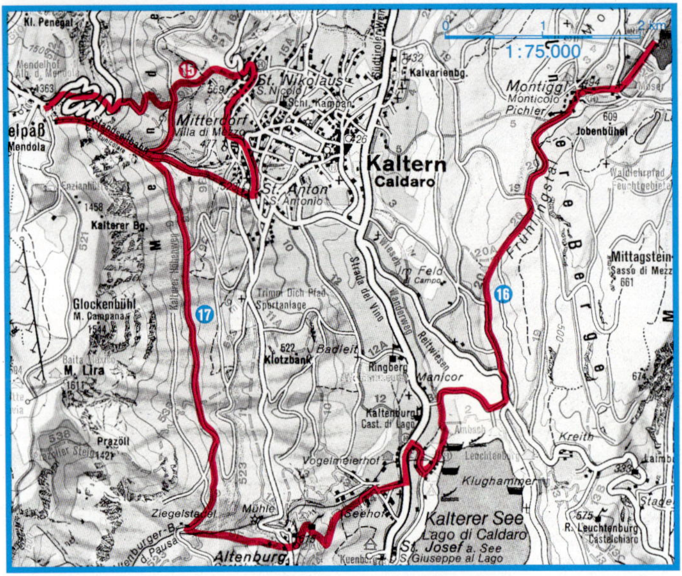

Tourenverlauf: Bedingt durch technische Aufstiegshilfen (Standseilbahn, gut ausgebaute Straße) ist der sogenannte »Telefonsteig« auf den Mendelpaß fast schon ein Geheimtip für all jene geworden, die nicht allzu überlaufene Wanderwege suchen. Wir beginnen unsere Wanderung in Kaltern/St. Nikolaus, indem wir rechterhand an der Kirche vorbei aufwärts gehen, uns weiter rechts halten und in einer kleinen Gasse erstmals den Wegweiser »Telefonsteig« vorfinden. Hier nun links hinauf und nun stets weiter der Markierung Nr. 521 folgen. Nach einer längeren Waldwanderung queren wir den Kalterer Höhenweg, ein Stück weiter oberhalb eine weitere Forststraße. Der Weg wird nun ziemlich steil und hat nun Passagen, die vormittags und mittags in der direkten Sonne liegen, daher ist sein Begehen im Hochsommer nicht anzuraten. Unter uns liegt der Markt Kaltern sowie der Altenburger Bergrücken; mit zunehmender Höhe wird der Weg felsiger. Wir erreichen bei einer scharfen Kehre die Mendelpaßstraße, der wir auch 200 m folgen und kürzen dann durch weiteren steilen Aufstieg einige Kehren der Straße ab. Kurz darauf treffen wir am Mendelpaß (Einkehr und Rast) ein. Die Rückfahrt treten wir mit der Standseilbahn an. Weniger anstrengend ist die Begehung des Telefonsteigs bergab, vom Mendelpaß nach Kaltern.

16 **Wanderung:** Kalterer See – Frühlingstal – Montiggler Seen

Ausgangspunkt: Kaltern/St. Josef
Parken: Parkplatz Strandbad
Höhenunterschied: 250 m
Wanderzeit: 3 Stunden
Schwierigkeitsgrad: leicht!
Einkehr: in Montiggl
Karte: siehe Seite 46

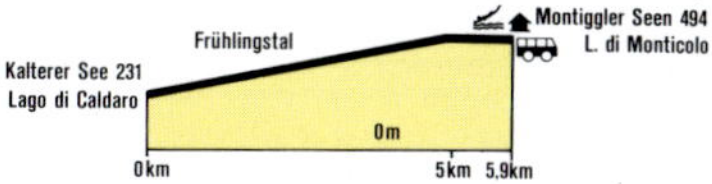

Tourenverlauf: Diese leichte und schöne Wanderung ist vor allem in den Frühlingsmonaten zu empfehlen, da das Frühlingstal (daher stammt der Name) durch klimatische Begünstigung schon sehr zeitig ein Heer von Frühlingsblumen aufzuweisen hat. Wir beginnen diese Wanderung am Kalterer See-Westufer (GH Geier), wo nach ca. 10 Minuten ein Fahrweg rechts abzweigt und uns zur Ostuferstraße führt. Diese wandern wir nun links abbiegend ein Stück nordwärts bis zum deutlich erkennbaren Wegweiser »Frühlingstal«. Der Weg verläßt die Straße, und bei den letzten Weingärten gelangen wir ins »Frühlingstal«. Bald queren wir eine Forststraße, bleiben bei einer Gabelung rechts und erreichen die ersten Weingärten und Gehöfte von Montiggl. Über den Weg Nr. 20 erreichen wir die Südostspitze des großen Sees. Links abbiegend kommen wir am »Schlößl« vorbei zum Strandbad, von wo wir die Rückfahrt über St. Michael mit dem Bus antreten können.

17 **Höhenwanderung:** Kalterer Höhenweg

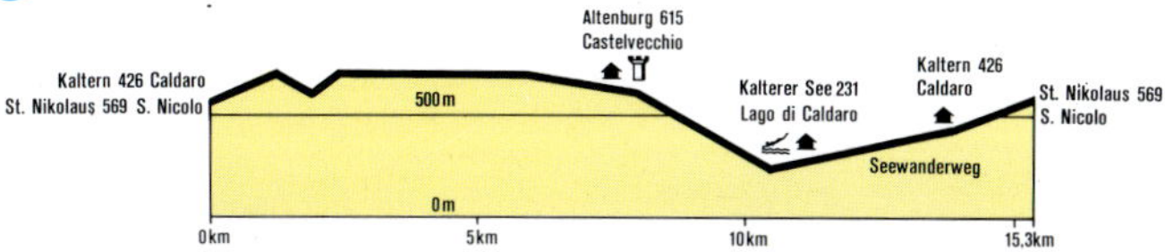

Ausgangspunkt: Kaltern
Parken: im Ortsteil St. Nikolaus oder Rottenburger Platz
Höhenunterschied: 600 m
Wanderzeit: 6 Stunden
Schwierigkeitsgrad: leicht!
Einkehr: mehrere Möglichkeiten an der Strecke
Karte: siehe Seite 46

Tourenverlauf: Vom Rottenburger Platz gehen wir über die Straße am Nordwestende des Platzes hinauf nach St. Nikolaus, rechts bei der Kirche vorbei Richtung Telefonsteig (Nr. 521) und erreichen nach etwa einer Stunde die Markierung Nr. 9, der wir Richtung Süden folgen. Hier können wir uns von dem steilen Aufstieg erholen. Auch die weitere Wanderung geht im leichten Auf und Ab gemütlich dahin. Wir passieren über einen Tunnel die Standseilbahn zum Mendelpaß und wandern dann gut 1½ Stunden auf dem aussichtsreichen Höhenweg, bis wir nach rechts in ein engeres Tal gelangen. Der Weg überquert einen Bach und nach wenigen Minuten zweigt links hinab der Weg Nr. 9 f nach Altenburg ab, wo wir die Straße nahe dem Sonnegghof erreichen. Wir genießen die herrliche Aussicht von der »Altenburger Aussichtsterrasse« nahe der Kirche. Über eine Holzstiege Richtung Altenburg führt nun der Weg Nr. 14 hinab zum Kalterer See. Von St. Josef am See haben wir nun zahllose Möglichkeiten, zurück nach Kaltern zu gelangen. Vom Seeufer aus empfiehlt sich der Weg vorbei an der Pizzeria Geier über den sogenannten »Seewanderweg« (Nr. 3), der ziemlich direkt in die Ortsmitte und zum Rottenburger Platz führt.

18 **Wanderung:** Durch die Rastenbachklamm nach Altenburg

Ausgangspunkt: Gretl am See
Parken: Parkplatz Strandbäder
Höhenunterschied: 400 m
Wanderzeit: 3 Stunden
Schwierigkeitsgrad: mittel!
Einkehr: in Altenburg bzw. am Kalterer See

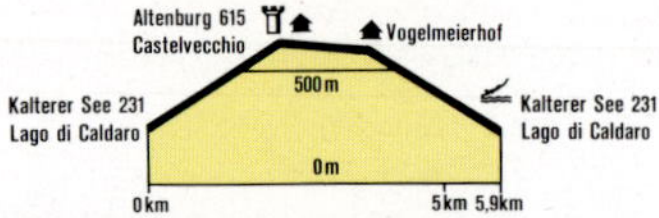

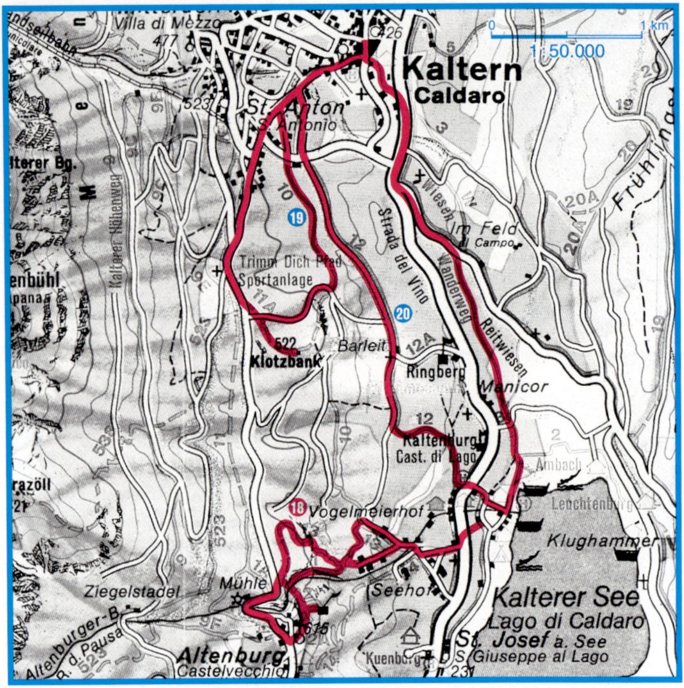

Tourenverlauf: Wir starten beim Minigolfplatz (Weg Nr. 1), überqueren die Weinstraße und halten uns Richtung Sonnleitenhof. Beim Hof und bei den zwei folgenden Gabelungen rechts. Wir überqueren den Rastenbach und biegen zunächst links und dann rechts ab und folgen der Asphaltstraße hinauf bis zu den letzten Häusern. Hier beginnt nun der Weg Nr. 13 (später Nr. 1) durch die romantische Rastenbachklamm. Der Weg ist zwar gut gesichert, doch ist ein Begehen mit kleinen Kindern wegen zeitweiser Rutschgefahr abzuraten. Über Stiegen und Brücken kommen wir zu einem großen Wasserfall. Am Sattel folgen wir dem Wegweiser zur Ruine der St. Peter Basilika (vermutl. älteste Kirche Tirols). Zurück zum Sattel und auf der Holztreppe hinauf zum Ort Altenburg wenden wir uns auf der Asphaltstraße nordwärts und wandern diese entlang an einer alten Brücke (in einer Kurve) vorbei ca. 700 m nach Norden, bis rechts der Bärentalwanderweg (Nr. 13)

abzweigt. Durch wunderschönen Laubwald wandern wir nun talwärts und erreichen nahe dem Vogelmeierhof wieder unseren Aufstiegsweg. Diesen benützen wir zum Ausgangspunkt.

19 **Wanderung:** Kaltern — Kardatscher Weg — Klotzbank — Kaltern

Ausgangspunkt: Kaltern
Parken: Rottenburger Platz
Höhenunterschied: 110 m
Wanderzeit: 2½ Stunden
Schwierigkeitsgrad: leicht!
Einkehr: Möglichkeiten an der Strecke
Karte: siehe Seite 48

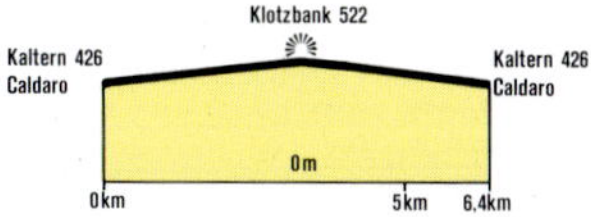

Tourenverlauf: Vom Brunnen am Rottenburger Platz folgt man zuerst der Straße nach Westen. Nach 100 m biegt man links in den Maria v. Mörl-Weg ein. Hier stoßen wir bald auf die breite Hauptstraße. Wir wandern etwas aufwärts und bei der nächsten Abzweigung links. Jetzt folgen wir dem Kardatscher Weg. Vorbei an den letzten Weingärten mündet dieser in den Laubwald. Im Wald zweigt dann nach kurzer Zeit rechts ein Steig (markiert 11B) ab, dem wir nun aufwärts folgen. Dieser führt zu den Kalterer Sportanlagen am Rande des Altenburger Waldes. Kurz vor Erreichen der Sportanlagen zweigt links ein Steig ab, der hinaus auf einen kleinen Vorsprung des Bergrückens führt. Auf diesem Vorsprung befindet sich die »Klotzbank«, eine kleine Ruhebank, auf welcher der hierzulande bekannte Erzabt Petrus Klotz gerne gesessen haben soll und die nach ihm benannt wurde. Dies ist auch ein wunderschöner Aussichtsplatz und Fotofreunde sollten ihre Ausrüstung nicht vergessen, besonders an farbkontrastreichen Herbsttagen. Dem kleinen Steig, der uns herführte, folgen wir wieder zurück, bis wir die Asphaltstraße und ein Stück weiter die Sportanlagen erreichen. Über die Hauptstraße und den Ortsteil St. Anton erreichen wir wieder unseren Ausgangspunkt.

20 **Rundwanderung:** Kaltern – Badleiter Weg – Schloß Ringberg – Kalterer See – Kaltern

Ausgangspunkt: Kaltern
Parken: Rottenburger Platz
Höhenunterschied: 220 m
Wanderzeit: 4 Stunden
Schwierigkeitsgrad: leicht!
Einkehr: am See
Karte: siehe Seite 48

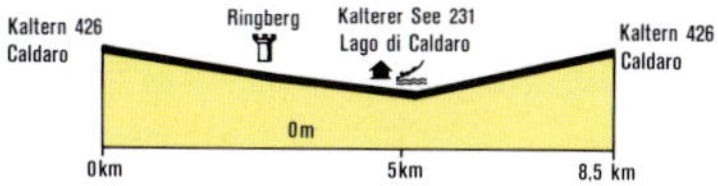

Tourenverlauf: Vom Rottenburger Platz beim Brunnen links hinab, dann rechts durch das Gäßchen zur Europastraße. Hier wieder nach rechts hinauf, ca. 200 m nach Westen und dann links in den Barleiterweg (markiert mit 12), der mit leichtem Gefälle Richtung Kalterer See hinabführt. Etwa auf Höhe des Seenordufers biegt man ab zum Hotel Seeleiten. Wir überqueren dabei die Weinstraße und gelangen dann zum Ufer mit mehreren Einkehrmöglichkeiten. Vorbei an der Pizzeria Geier wenden wir uns nun nordwärts und erreichen über eine nach 200 m folgende Linksabzweigung die Weinstraße. Auf dieser kommt man nordwärts zum Schloß Ringberg.
Neben dem Schloß führt der Weg 12 A hinauf zum Barleiterweg, auf dem wir wieder zurück zu unserem Ausgangspunkt wandern.

21 **Rundwanderung:** Rund um den Kalterer See

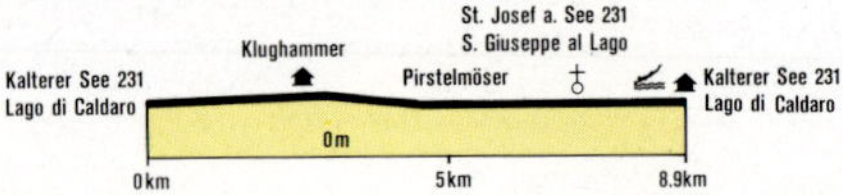

Ausgangspunkt: Gretl am See
Parken: bei den Strandbädern
Höhenunterschied: gering

Wanderzeit: 2½ Stunden
Schwierigkeitsgrad: leicht!
Einkehr: mehrere Möglichkeiten an der Strecke

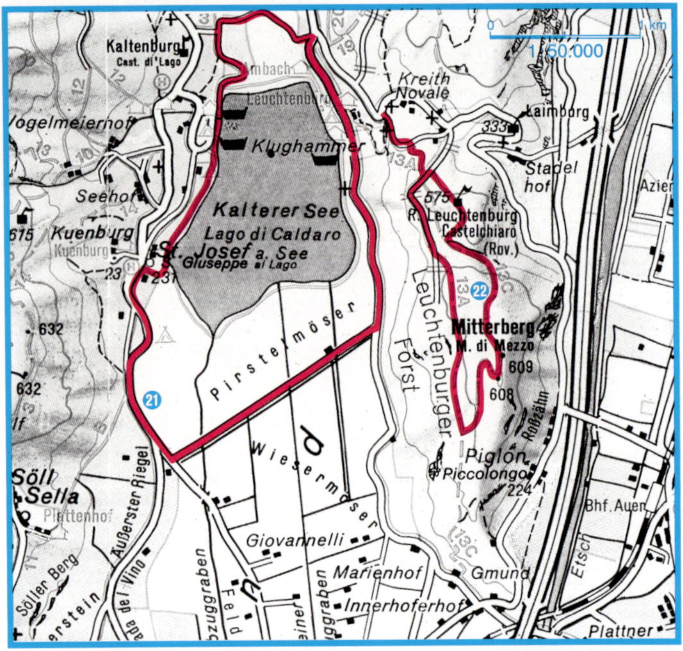

Tourenverlauf: Ein Großteil des Ufers (vor allem im Süden) besteht aus geschützter Schilf- und Sumpflandschaft. Daher führt diese Wanderung fast ausschließlich über Asphaltstraßen, die jedoch z. T. für KFZ gesperrt sind und auch von ihrer landschaftlichen Umgebung sehr reizvoll sind. Die Umrundung erfolgt im Uhrzeigersinn, d. h. wir beginnen beim Restaurant Geier nördlich der Strandbadparkplätze. 5 Minuten nördlich zweigen wir rechts in den Weg ab, der uns zur Straße bei Klughammer, unterhalb des Leuchtenburger Bergrückens, bringt. Hier wenden wir uns nach Süden. Besonders im Herbst ist dies ein empfehlenswerter Weg entlang der Weingärten, da der Trubel am See etwas nachgelassen hat. Nach einigen Kurven biegt rechts eine schnurgerade Straße ab (Fahrverbotstafel), die durch die Obstgärten Richtung Weinstraße zieht. Hier wenden wir uns nach Norden und gelangen über St. Josef wieder zu unserem Ausgangspunkt.

Kalterer See mit Leuchtenburg

22 **Wanderung:** Kreithsattel – Ruine Leuchtenburg – Roßzähne

Ausgangspunkt: Kreith – Kalterer See-Ostufer
Parken: 1. Linkskehre bei Auffahrt zum Kreithsattel
Höhenunterschied: 300 m
Wanderzeit: 3½ Stunden
Schwierigkeitsgrad: leicht!
Karte: siehe Seite 50

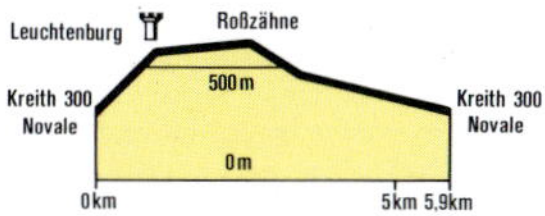

Tourenverlauf: Vom Parkplatz an der Linkskurve beginnt der Weg Nr. 13. Er führt 20 Minuten durch Laubwald aufwärts zu einer Forststraße. Wir überqueren diese und haben nun folgende Möglichkeiten: Den etwas längeren, doch wesentlich leichteren Weg (13 und später 13 A) über die Südseite zur Burg oder den wesentlich steileren Direktweg 13 B. Dieser führt uns in etwa einer halben Stunde über ein zuerst mäßig steiles, dann sehr steiles Waldstück an die Nordmauern der ringförmigen Burgruine, von der aus ein wunderbarer Ausblick auf Überetsch und Etschtal die Belohnung für den mühsamen Direktanstieg bildet. In die interessante Ruine gelangt man über einen etwa 80 cm hohen Überstieg an der Westmauer der Burg. Der Weiterweg zu den Roßzähnen führt nun an der Ostseite der Burg hinaus zum Weg Nr. 13 C. Dieser führt zuerst eben, dann etwas ansteigend immerfort durch Laubwald nach Süden. Zwischendurch sind auch Reste von vorgeschichtlichen Siedlungen erkennbar. Nach 40 Minuten (von der Leuchtenburg) erreichen wir die interessanten Porphyrkuppen der Roßzähne, die steil ins Etschtal abfallen. Nach gemütlicher Rast folgen wir dem Weg 13 C im Bogen zur Nr. 13 A, die uns nach Norden zur Leuchtenburger Forststraße und zurück zu unserem Ausgangspunkt bringt.

23 **Klettertour:** Mendelpaß – Überetscher Hütte, 1.775 m – Mt. Roen, 2.116 m

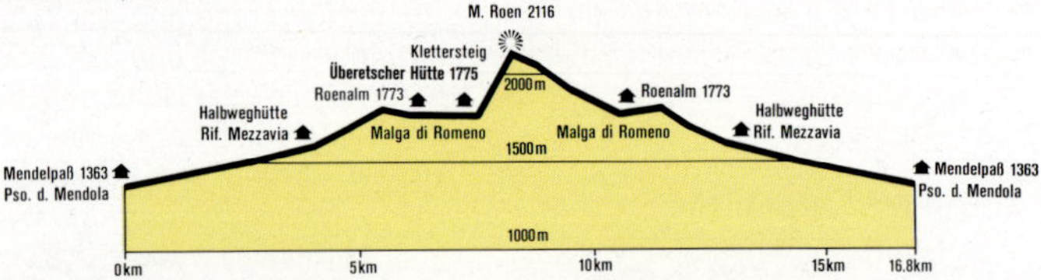

Ausgangspunkt: Mendelpaß
Parken: bei der Bar Rosengarten bzw. Talstation des Lifts
Höhenunterschied: 750 m
Wanderzeit: 6 Stunden (ab Talstation Sessellift)

Schwierigkeitsgrad: bis Überetscher Hütte leicht!
Klettersteig nur für Schwindelfreie und Trittsichere!
Einkehr: Enzian-, Halbweg-, Roen-, Überetscher Hütte

Tourenverlauf: Diese Tour führt uns auf die höchste Erhebung im Mendelkamm und kann je nach Wunsch und Möglichkeiten verlängert oder verkürzt werden. Wer sie zur Gänze gehen möchte, wandert an der Bar Rosengarten am Mendelpaß vorbei über den Weg 521 zur Enzianhütte und dort weiter am links abzweigenden Forstweg 521 entlang weiter bis zur Halbweghütte (ca. 1 Stunde). Verkürzt beginnt die Tour bei der Talstation des Lifts zur Halbweghütte. Ist der Lift nicht in Betrieb, beginnt zuerst ein leichter Anstieg über die Skipiste zur Halbweghütte. Von hier an führt nun der Weg Nr. 521 gemütlich immer leicht ansteigend über Almwiesen zur Roenalm. Dort zweigt links der Weg Nr. 10 ab und führt unterhalb der Felswände des Roen ziemlich eben hinüber zur wunderschön gelegenen Überetscher Hütte ($^1/_2$ Stunde). Gut markiert beginnt südlich der Hütte nun der gesicherte Klettersteig, über welchen wir den Gipfel nach ca. 45 Minuten erreichen. Großartig ist das Bild, das sich hier dem Wanderer bei klarem Wetter bietet: Unzählige Dolomitengipfel liegen vor seinen Blicken im Osten – herrlich ist der Tiefblick ins Etschtal. Genauso prächtig ist aber auch der Blick auf die Alpengipfel im Westen. Nach Nordwesten führt der Abstieg zur Roenalm, die wir über den Weg 521 in einer guten Stunde erreichen. Wer den Klettersteig umgehen möchte, kann diese Variante als Gipfelaufstieg wählen. Von der Roenalm ist der Abstieg mit dem Aufstieg identisch.

24 **Wanderung:** Tramin – Plattenhof – Kalterer See

Ausgangspunkt: Tramin
Parken: Dorfplatz
Höhenunterschied: 220 m
Wanderzeit: $2^1/_2$ Stunden
Schwierigkeitsgrad: leicht!
Einkehr: Plattenhof

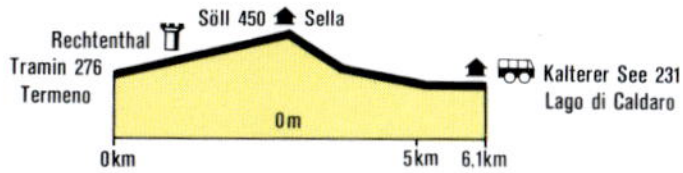

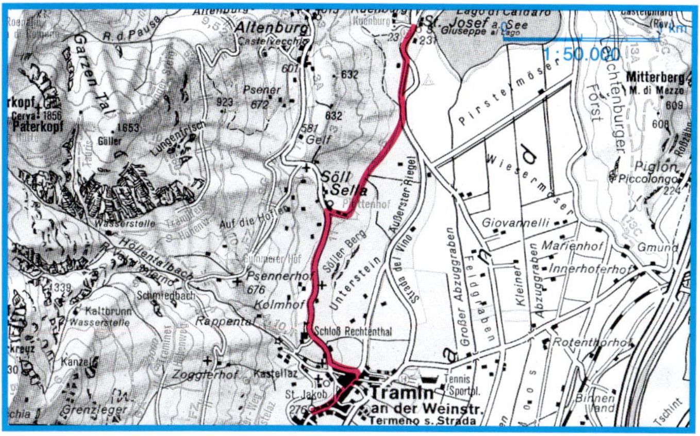

Tourenverlauf: Vom Traminer Dorfplatz nördlich rechts der Kirche vorbei und bei der folgenden Gabelung links (Einbahnstraße) kommt man zum Hotel Winzerhof. Am Aufstiegsweg zum Dorf Söll genießen wir bereits den Blick über die Weingärtenpracht rund um Tramin. In Söll macht die Straße einen Linksknick, wir hingegen biegen rechts hinab und gelangen nach 100 m zum Plattenhof. Nach gemütlicher Einkehr und Genuß des hier vorzüglichen »Gewürztraminers« setzen wir unseren Weg über einen Steig fort, der östlich des Plattenhofes beginnt. Dieser führt uns nun in gemütlicher Wanderung durch Laubwald und Weingärten zur Weinstraße und weiter nördlich nach St. Josef am Kalterer See. Von hier aus können wir mit dem Bus die Rückfahrt nach Tramin antreten.

25 **Wanderung:** Tramin – Gummerer Hof – Söll

Ausgangspunkt: Tramin
Parken: Dorfmitte
Höhenunterschied: 450 m
Wanderzeit: 3½ Stunden
Schwierigkeitsgrad: leicht!
Einkehr: Gummerer Hof

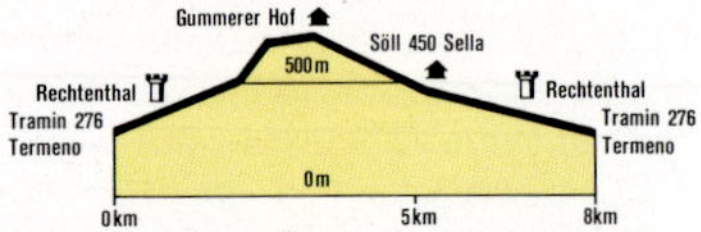

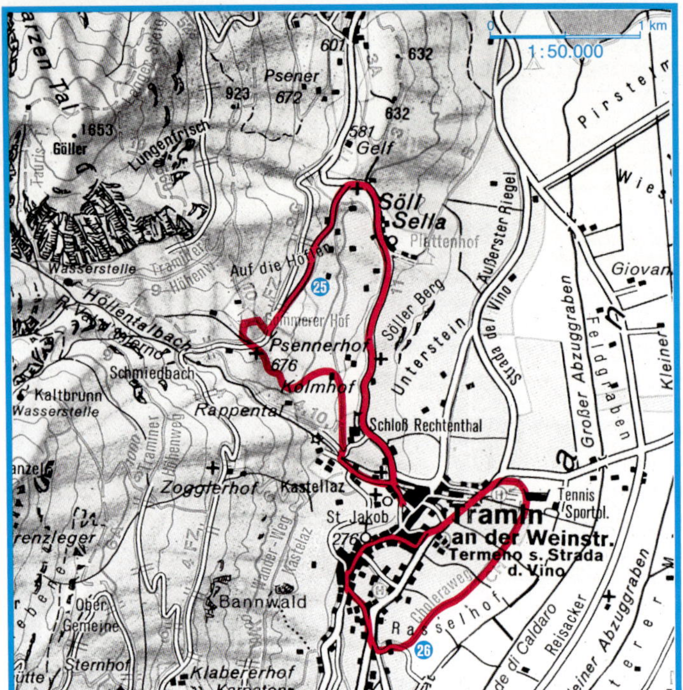

Tourenverlauf: Vom Dorfplatz spazieren wir vorbei an der Sparkasse. 100 Meter weiter, nach einer Rechtskurve, biegen wir bei einem Schuhladen scharf rechts ab in ein Gäßchen, das uns hinauf zur markant über Tramin liegenden Siedlung Kastellaz bringt (Kirche St. Jakob mit interessanten Fresken). Von hier aus weiter über ein Sträßchen nordwestlich zum Höllenbachgraben, der Tramin im Juni 1986 durch einen Murenabgang heimsuchte. Auf der gegenüberliegenden Seite geht es oberhalb des baufälligen Schlosses Rechtenthal vorbei und wir steigen über eine schmale Asphaltstraße zwischen Weingärten bergwärts. Zwischen zwei Häusern betreten wir einen steilen Pflastersteinweg (links). Wir passieren ein paar weitere Häuser und folgen nun immer dem an der Nordseite des Höllentals aufwärtsführenden Weg. Bei einem Schranken (Schild Gummerer Hof) geht

Frühjahrsstimmung beim Gummerer Hof

nun eine Forststraße über ein paar Kurven hinauf zum hoch über dem Etschtal gelegenen Gasthof. Im Abstieg benutzen wir den leichten, immerfort abwärtsführenden Weg (beschildert), der uns in nördliche Richtung nach Söll führt. Von dort führt der Rückweg entweder über die aussichtsreiche Asphaltstraße oder über einen der Feldwege zwischen den Weingärten hinunter nach Tramin.

26 **Rundwanderung:** Spaziergang am Choleraweg

Ausgangspunkt: Tramin
Parken: Dorfplatz
Höhenunterschied: gering
Wanderzeit: 1½ Stunden
Schwierigkeitsgrad: leicht!
Einkehr: im Ort
Karte: siehe Seite 54

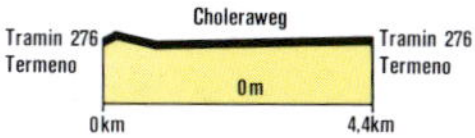

Tourenverlauf: Dieser Spaziergang ist vor allem im Frühling, zur Zeit der Obstbaumblüte, äußerst lohnend und für jedermann erholsam. Vom Dorfplatz schlendert man nach Süden dorfauswärts und über die Zallingerstraße hinunter zur Weinstraße. Diese überqueren wir und folgen ein kurzes Stück der Straße nach Neumarkt. Bei der 1. Abzweigung biegen wir links in die Seitengasse ein und spazieren ein kurzes Stück bis zu den letzten Häusern. Bei einer Fahrverbotstafel nun wieder links und über diesen Feldweg immer nördlich geradeaus, vorbei an den oberhalb gelegenen Weingärten und den in der Talsohle rechterhand liegenden Obstkulturen. Gegen Ende des Choleraweges, auf dem wir uns befinden, passieren wir am nordöstlichen Ortsrand die Traminer Sportzone, deren Einrichtungen (z. B. ein schönes Freischwimmbad) durch den Murenabgang vom Juni 1986 total zerstört wurden. Wir stoßen kurz darauf auf die Straße nach Auer. Hier links hinauf zur Weinstraße und über diese wieder in südliche Richtung zurück zu unserem Ausgangspunkt.

27 **Wanderung:** Tramin – Rungg – St. Valentin – Tramin

Ausgangspunkt: Tramin
Parken: Dorfplatz
Höhenunterschied: 50 m
Wanderzeit: 1½ Stunden
Schwierigkeitsgrad: leicht!
Einkehr: im Ort
Karte: siehe Seite 57

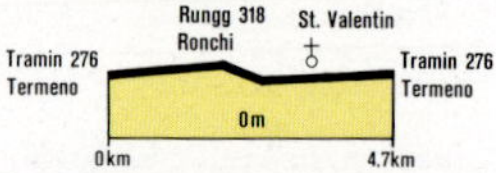

Tourenverlauf: Diese romantische Wanderung südlich von Tramin kann auch an einem sonnigen Wintertag durchgeführt werden. Wir spazieren wieder wie bei Tour 26 dorfauswärts Richtung Süden. 50 m nach dem »Restaurant Gerda« zweigen wir rechts ab in die leicht aufwärts führende Andreas-Hofer-Straße. Es geht vorbei an alten Ansitzen und Gehöften, die dem Fotofreund manch interessantes Motiv liefern. Bei einer Gabelung geht es durch eine enge Stelle rechts hinauf über die alte Kurtatscher Straße bis zum Dorfende, welches bei einer Kuppe erreicht wird. Von hier aus führt nun ca. ¼ Stunde sanft aufwärts ein Sträßchen nach Rungg, einem malerischen Dörfchen, rings umgeben von Weingärten. Von einer Ruhebank bietet sich zurückblickend Tramin von seiner schönsten Seite. Kurz nach der kleinen Kirche halten wir uns links und nach einer Linkskurve führt der Weg steil abwärts zur Weinstraße. 10 Minuten nordwärts liegt die sehenswerte Kirche von St. Valentin (Schlüssel bei Herrn Sinner, Weinstraße Nr. 2). Kurz vor der Kirche zweigt links von der Weinstraße dann der Weg ab, der uns zurück hinauf zur Andreas-Hofer-Straße und ins Traminer Ortszentrum bringt.

28 **Höhenwanderung:** Traminer Höhenweg

Ausgangspunkt: Tramin
Parken: im Ort
Höhenunterschied: 680 m
Wanderzeit: 6 Stunden
Schwierigkeitsgrad: mittel!
Einkehr: Gummerer Hof
Karte: siehe Seite 57

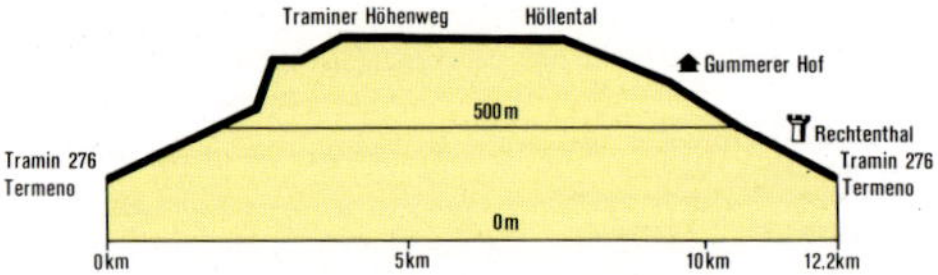

Tourenverlauf: Wie bei Tour Nr. 27 in die Andreas-Hofer-Straße. Am Dorfende nahe der Kuppe zweigt nach rechts der mit »5« markierte »Lochweg« nach Graun ab. Diesem folgen wir aufwärts zum sogenannten Grauner Loch, einer zerklüfteten Felsstufe, die wir überwinden. Kurz darauf zweigen wir rechts in den Weg »4« ab, der auf das Hochplateau von Graun und rechts abzweigend zum Klaberer Hof führt. Links neben dem Hof nun kurz abwärts. Bald darauf finden wir linkerhand die beschilderte Abzweigung »Traminer Höhenweg«. In herrlicher Wanderung führt dieser unter den steilen Wänden des Mt. Roen vorbei. Zuerst wandern wir durch Mischwald, später führt der Weg immer tiefer in den Felseinschnitt des oberen Höllentals hinein. Wir durchqueren das Tal und halten uns weiter auf dem Weg 9 nun talauswärts. Bei der Markierung »10« steigen wir rechts hinab und gelangen bald zum Gummerer Hof. Nach Rast und Einkehr folgen wir ein kurzes Stück der Zogglerhof-Forststraße wieder Richtung Höllental. Wir bleiben jedoch bei einer Abzweigung (beschildert nach Tramin) auf der nördlichen Seite des Höllentals und benutzen den steilen Weg talwärts zum Schloß Rechtenthal und dort weiter über Kastellaz zurück nach Tramin.

29 **Rundwanderung:** Kurtatsch – Lochweg – Graun – Kurtatsch

Ausgangspunkt: Kurtatsch
Parken: Schweiggl-Platz
Höhenunterschied: 490 m
Wanderzeit: 3½ Stunden
Schwierigkeitsgrad: mittel!
Einkehr: in Graun oder Kurtatsch

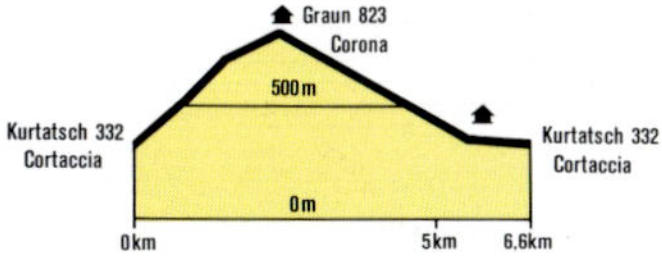

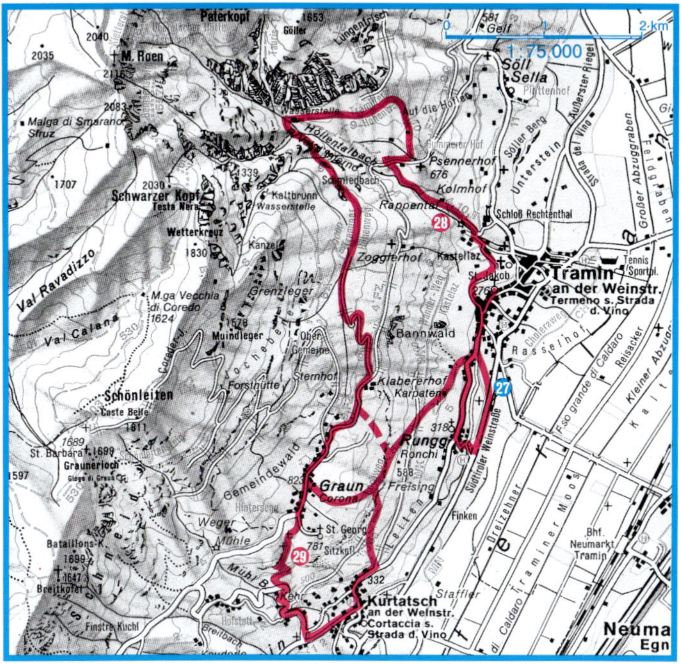

Tourenverlauf: Vom Schweiggl-Platz wenden wir uns Richtung Westen und gehen durch die Obergasse aufwärts, weiter oben über die Rechtskurve Richtung nordwestliches Dorfende. Bei einer Wegkreuzung mit Bildstock links hinauf in den Waldweg (Straßenbezeichnung) und auf den Weg »WK«. Kurz darauf orientieren wir uns am Weg 5a und stoßen nach einer wunderschönen Wanderung durch Mischwald auf den »Lochweg«. Wir steigen nun über den steilen Weg durch das »Grauner Loch« bergwärts und erreichen darüber das Grauner Hochplateau. Wir halten uns von hier wieder in südliche Richtung auf dem flacher werdenden Weg Nr. 5 und kommen so mühelos nach Graun mit seiner wunderbaren Aussicht auf das Etschtal. Wir wandern durch das Dorf und verlassen 200 m südwärts links abbiegend die Asphaltstraße (WW Nr. 1). Wir passieren auf dem nun wieder steileren Pfad ein kleines Bächlein und einige Bildstöcke und stoßen bald auf die Auffahrtsstraße nach Graun, über die wir wieder unseren Ausgangspunkt in Kurtatsch erreichen.

30 **Bergtour:** Graun – Tresner Horn/Corno di Tres, 1.812 m – Oberfennberg

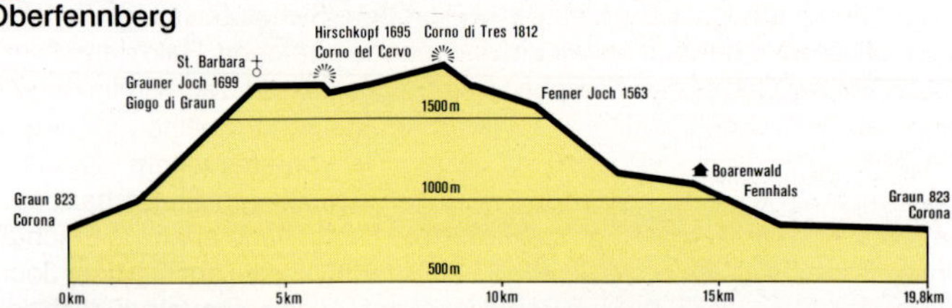

Ausgangspunkt: Graun
Parken: Nähe Rest. Caroline
Höhenunterschied: 990 m
Wanderzeit: 7 Stunden

Schwierigkeitsgrad: mittel, jedoch gute Kondition erforderlich!
Einkehr: in Graun, Jausenstat. Boarenwald

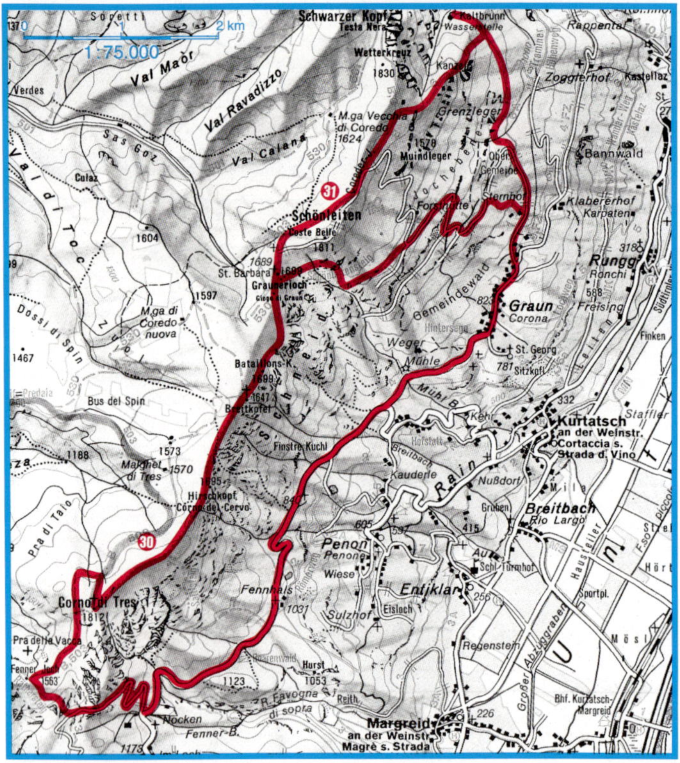

Tourenverlauf: Diese ausgedehnte Tour sollte zeitig in der Früh begonnen werden, da selbst im Frühjahr oder Herbst die Mittagssonne einem auf diesen sonnigen Hängen stark zusetzt. Wir wenden uns in Graun nach Norden und biegen 200 m nach dem Restaurant Caroline links in den WW Nr. 1 ab.

Beim Sternhof kürzen wir links eine Schleife des Forstweges ab, auf den wir später wieder stoßen. Über kleinere und größere Steilstufen steigt der Weg durch Mischwald bergan, bis wir die Jochebene erreichen. Bald darauf verlassen wir zur Gänze den Forstweg und biegen links in den »Schönleitensteig« ab, weiter der Mark. »1« folgend. Mit steigender Höhe nimmt das Felsgelände zu und über einen im letzten Teil von spärlichem Baumbestand gesäumten Weg erreichen wir beim Bildstock von St. Barbara den Gebirgskamm. Mit herrlichen Ausblicken ins Nonstal wie auch ins Etschtal führt uns nun der Weg Nr. 7a in südliche Richtung vorbei am Grauner Joch und zum markanten Kreuz vom Battallionskopf (Aussichtspunkt südlich davon). Von dort führt nun der Weg in ein kleines Tal hinab. Bei der Weggabelung bleiben wir links auf der Markierung »B« und erreichen über eine wunderschöne Kammwanderung den aussichtsreichen, 1.812 m hoch gelegenen Gipfel des Corno di Tres. Wunderschöner Rundblick und eine kleine Kapelle nahe dem Gipfel runden dieses Bergerlebnis ab. Für den Abstieg wenden wir uns dem Weg »B« (nordwestlich) zu. Über einen langgezogenen Bogen gelangen wir zum Fenner Joch. Hier benutzen wir den teilweise wieder steilen Abstieg über den »Rätersteig« hinab zur Oberfennberger Straße. Über die langgezogene und kurvenreiche Asphaltstraße gelangen wir wieder zurück nach Graun (ev. Autostop).

31 **Bergwanderung:** Graun – St. Barbara – Kaltbrunn – Graun

Ausgangspunkt: Graun
Parken: Nähe Rest. Caroline
Höhenunterschied: 960 m
Wanderzeit: 6½ Stunden
Schwierigkeitsgrad: mittel!
Einkehr: Restaurant Caroline
Karte: siehe Seite 58

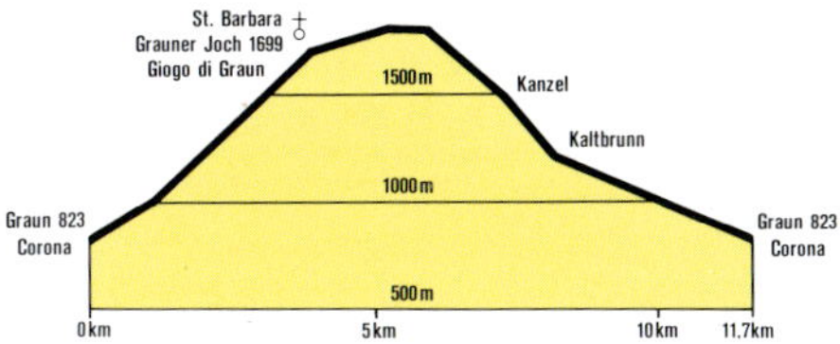

Tourenverlauf: Diese Tour beginnt wie Nr. 30 und der Aufstiegsweg ist auch mit der genannten Wanderung teilweise identisch. Sie beginnt in Graun am Weg Nr. 1 und führt auf die Jochebene und weiter über den Schönleitensteig hinauf bis zur »Schneid«, dem Gebirgskamm beim St. Barbara-Bildstock. Von dort wandern wir über den wunderschönen und aussichtsreichen Kammweg nach Norden und benutzen den mit »B« markierten Steig. Nach leichter Aufwärtswanderung erreichen wir den Almhügel der Schönleiten, 1.811 m. Wir setzen die flache Kammwanderung weiter nordwärts fort und nähern uns dem Coreder Joch, wo ebenfalls ein Aufstiegsweg von Graun herauf hinzustößt, der jedoch bei weitem nicht so schön und aussichtsreich ist wie der von uns begangene Schönleitensteig. Von hier geht es nun wieder leicht aufwärts und nach einer knappen halben Stunde biegen wir rechts in den Weg »6« ab. Bei den Ruinen der »Schweigglhütte«, 1.856 m, beginnt der höchste Punkt dieser Tour. Wir steigen durch etwas felsigeres Gelände talwärts zur »Kanzel«. Weiter unten zweigt links der Zugang zur Kaltbrunnquelle ab. 10 Minuten talwärts zweigt dann rechts der Weg Nr. 6 A ab, der uns zu einer Forststraße und weiter zu unserem Ausgangspunkt nach Graun führt.

32 **Rundwanderung:** Kurtatsch – Hofstatt – Penon – Rain – Kurtatsch

Ausgangspunkt: Kurtatsch
Parken: Schweiggl-Platz
Höhenunterschied: 270 m
Wanderzeit: 3 Stunden
Schwierigkeitsgrad: leicht!
Einkehr: GH Stern, GH Halbweg

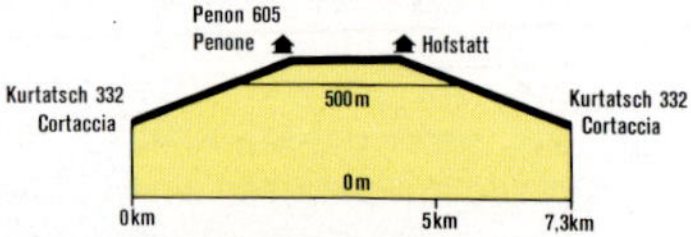

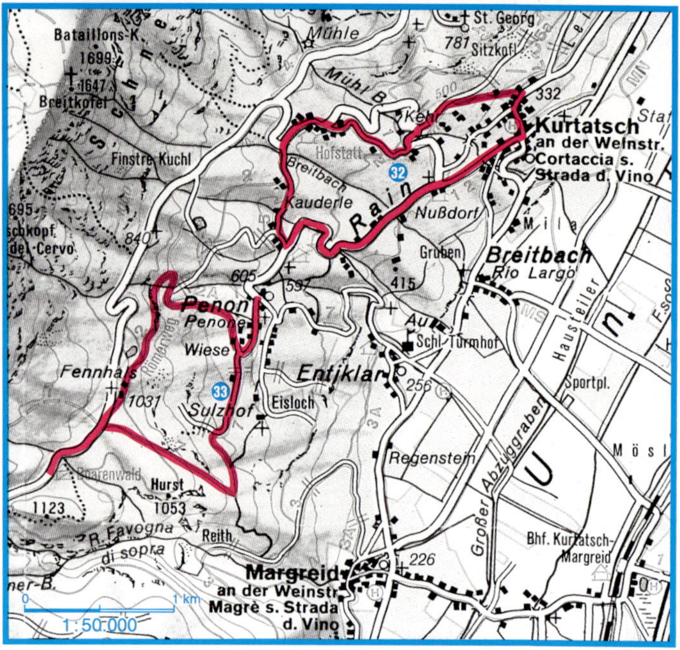

Tourenverlauf: Vom Schweiggl-Platz über die Obergasse hinauf in den oberen Dorfteil, bei der Kurve rechts und dann nach einem kurzen Stück scharf links in die Maria-Hilf-Gasse. An einigen hochgewachsenen Pappeln und an alten Gehöften vorbei geht es nun Richtung Süden leicht aufwärts, bis wir die Asphaltstraße nach Graun erreichen. Zwischenzeitlich gab es einige romantische Ausblicke in den Dorfkern von Kurtatsch. Wir gehen nun die Straße 150 m über eine Linkskurve aufwärts entlang und biegen links in den mit »2« markierten Feldweg ab, der uns hinauf zur Hofstatt führt. Nach den GH Halbweg (links) folgen wir dem mit 2 und 5 markierten Weg, der uns in das Dorf Penon führt. Vom Dorfplatz in Penon halten wir uns südöstlich und gelangen über Nebenstraßen nach 2maligem Linksabbiegen und über ein Bächlein beim Gasthaus an der Himmelspfort wieder zur Fahrstraße. Gleich rechts neben dem Gasthaus beginnt ein kleiner Abkürzungssteig, über den wir später wieder die Straße und unseren Ausgangspunkt in Kurtatsch erreichen.

Kurtatsch

33 **Rundwanderung:** Penon – Fennhals – Römerweg – Penon

Ausgangspunkt: Penon
Parken: Dorfplatz
Höhenunterschied: 450 m
Wanderzeit: 3½ Stunden
Schwierigkeitsgrad: leicht!
Einkehr: Boarenwald (Sommerwirtschaft)
Karte: siehe Seite 60

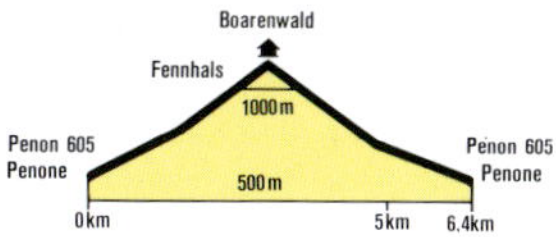

Tourenverlauf: Zuerst benutzen wir den vom Dorfplatz aus nach Süden führenden Weg Nr. 2 A, den wir links abbiegend nach einer scharfen Rechtskurve wiederum verlassen. Der Weg »7«, auf dem wir uns nun befinden, führt uns immer enger werdend zum Hangrücken der Fenner Schlucht hinauf. Dann beginnt der steile Anstieg zum 1.053 m hoch gelegenen Bergrücken des Hurst. Dann wird der Weg wieder etwas flacher und nach kurzer Zeit ist die Fennberger Straße beim alten adeligen Sitz Fennhals erreicht. Zur Einkehr und Rast gehen wir die Asphaltstraße einige Minuten aufwärts nach Süden und genießen das schattige Plätzchen bei der Jausenstation Boarenwald. Am Rückweg wandern wir wieder die Asphaltstraße ein Stück talwärts, passieren unseren Aufstiegsweg, bleiben jedoch noch 100 m nordwärts und schwenken nahe dem Ansitz Fennhals rechts in den mit »2« markierten Römerweg ein. An einem kleinen Teich vorbei geht es über Wiesen und Buschwald in gemütlicher Wanderung zurück nach Penon. Für archäologisch Interessierte kann diese Tour durch den von der Fennberger Straße abzweigenden Sattelsteig verlängert werden. Ein kurzes Stück über diesen Weg Nr. 7 aufwärts befindet sich bei einem kleinen Linksabzweiger die Fundstelle der bereits im geschichtlichen Einführungstext erwähnten Schmelzöfen aus der Bronzezeit.

34 Rundwanderung: Entiklar – Penon – Fennberg – Entiklar

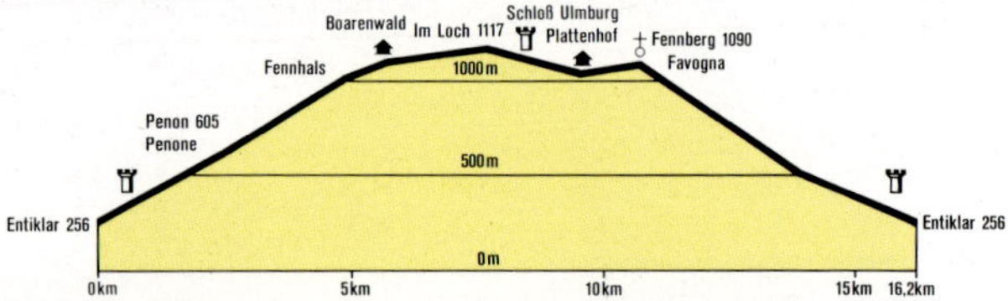

Ausgangspunkt: Entiklar
Parken: beim Schloß Turmhof
Höhenunterschied: 900 m
Wanderzeit: 6 Stunden

Schwierigkeitsgrad: mittel!
Einkehr: Jausenstation Boarenwald (Sommer), GH Plattenhof

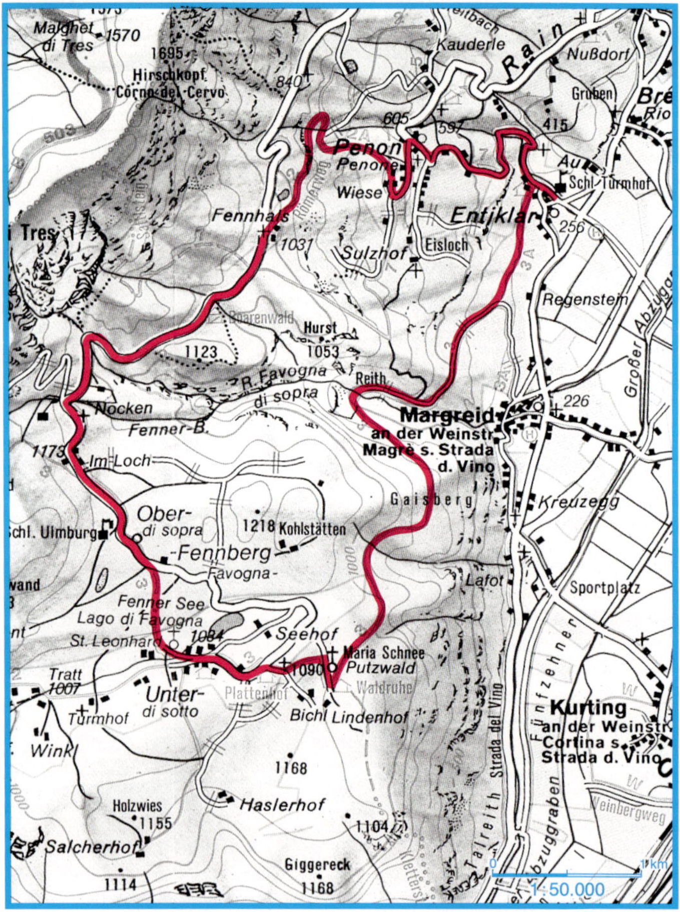

Fischer am Fenner See

Tourenverlauf: Vom Schloß Turmhof wenden wir uns westlich und verlassen das Dorf Entiklar aufwärts nach Penon. Diese sehr steile Asphaltstraße liegt bereits am Vormittag in der prallen Sonne, daher ist ein früher Beginn dieser Wanderung empfehlenswert. Beim Dorfbrunnen geht unsere Route weiter zum Weg 2 A, und wir gelangen nach kurzem Aufstieg zum Römerweg, der uns in schöner, jedoch z. T. weiter stark ansteigender Wanderung zum Fennhals und zur Fennberger Asphaltstraße führt. Diese wandern wir aufwärts bis zur Raststation im Boarenwald. Nach gemütlicher Rast geht es weiter der Asphaltstraße entlang bis Oberfennberg und dem Schloß Ulmburg. Wo der Weg am Schloß vorbei in den Wald eintritt biegen wir in den Steig Nr. 3 ab, der uns zum Hochplateau von Unterfennberg mit dem malerischen Kirchlein und dem idyllisch gelegenen See führt. Die Pfarrkirche St. Leonhard in Unterfennberg ist 1337 erbaut worden (Weihen 1405 und 1517). Aus den Gründerjahren stammt der Fuß des Kirchturms. Im 15. Jh. wurde das Seitenschiff in gotischem Stil (Kreuzrippengewölbe) angebaut. Bemerkenswert sind die in der Apsis entdeckten frühgotischen Fresken. Die Statuen der Hll. Leonhard, Georg und Oswald in der Mitte des Hochaltars wurden im 15. Jh. gefertigt. Gleich nach dem Plattenhof östlich der Ortschaft führt der Waldweg Nr. 3 nach Putzwald. Nun wandern wir zwischen Föhren- und Mischwald auf dem aussichtsreichen Weg Nr. 3 weiter talwärts. Oberhalb von Margreid queren wir die wildromantische Fenner Schlucht mit den Resten eines gewaltigen Bergsturzes. Über eine Forststraße geht es weiter bis zu einer großen Rechtsbiegung. Hier zweigen wir links in den Weg 3 A ab und erreichen über diesen unseren Ausgangspunkt in Entiklar.

㉟ **Klettertour:** Fennberger Klettersteig

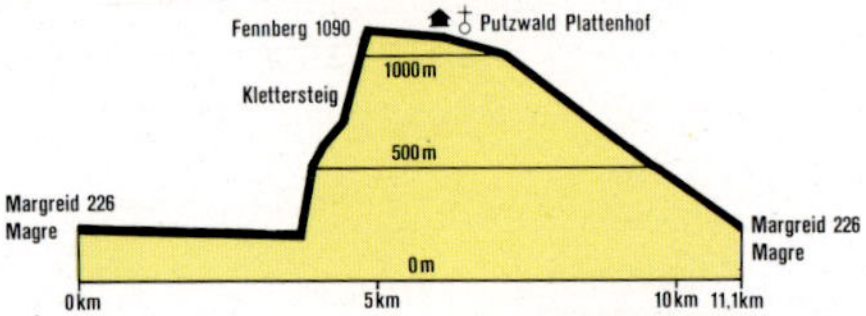

Ausgangspunkt: Margreid
Parken: Einstieg Klettersteig, ca. 3 km südl. vom Ort
Höhenunterschied: 880 m

Wanderzeit: 3 Stunden
Schwierigkeitsgrad: schwierig, nur für Geübte!
Einkehr: GH Plattenhof, Waldruhe

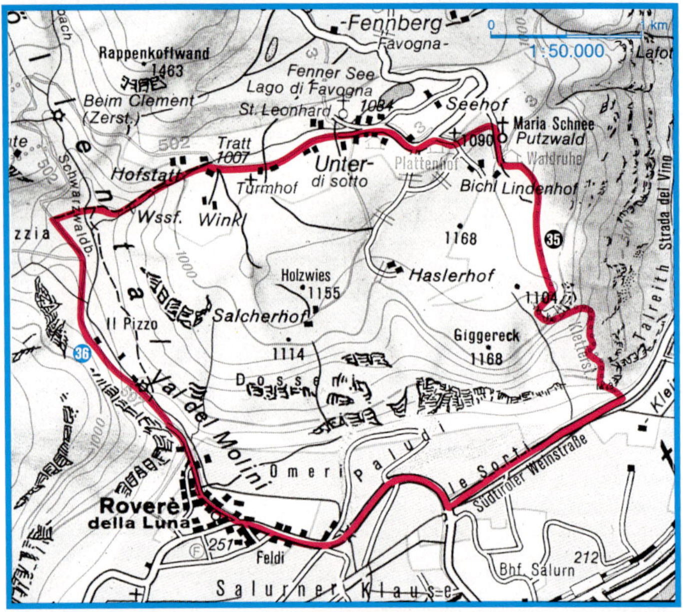

Tourenverlauf: Die Besonderheit dieser Tour beginnt bereits damit, daß in dieser Region niemand einen Klettersteig vermuten würde. Der Einstieg befindet sich auf einer Meereshöhe von knapp über 200 m auf der Verbindungsstraße von Margreid nach Roverè della Luna, kurz vor der Landesgrenze. Hier beginnt unter der imposant wirkenden Felswand ein schmaler Steig (beschildert), der in Serpentinen vorerst durch Gebüsch hinauf zur ersten Steilstufe führt. Über Seilsicherungen überwinden wir diese (Steinschlaghelm, gutes Schuhwerk und eigene Seilsicherung angeraten). Nach einer kleinen Rasenstufe folgt ein Kamin, sowie Eisenleitern, die uns zu einem begrünten Felsvorsprung führen. Kurz hinab beginnt eine weitere Leiter, nach dieser wird über weitere Sicherungen eine Felsrampe mit atemberaubendem Tiefblick erreicht. Über einen steilen Rasen- und Waldweg geht es nun ca. eine Dreiviertelstunde weiter bis zur Schlußwand. Am Fuß erfolgt zuerst eine Querung, kurz darauf führen Seilsicherungen unter einem imposanten Überhang nach rechts. Das letzte Stück ist kurz ausgesetzt, doch nach dessen Überwindung gelangen wir auf einen Waldsteig. Wir halten uns bei einer Gabelung links (rechts direkter Weg Nr. 3 nach Margreid) und wandern über einen beschilderten Steig immer auf und ab, bis wir bei ein paar Gehöften zu einem Asphaltfahrweg gelangen. Diesen ein kurzes Stück abwärts und bald darauf links ab über den Weg 3 zum Plattenhof. Der Abstieg kann wie bei Route 34 über den Weg 3 oder über die Tour Nr. 36 nach Roverè della Luna angetreten werden.

36 **Wanderung:** Unterfennberg – Roverè della Luna – Margreid

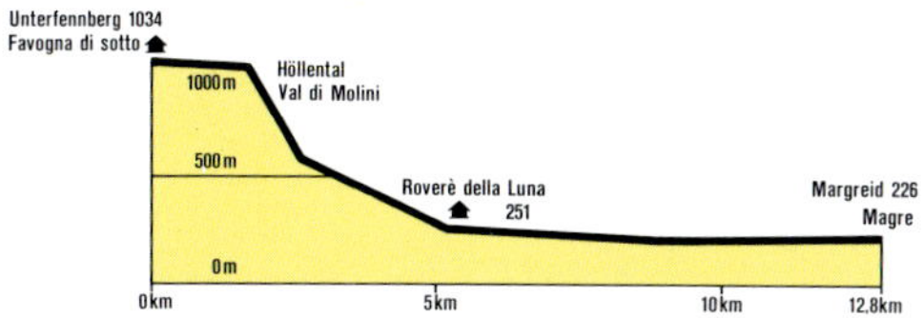

Ausgangspunkt: Margreid
Parken: im Dorf
Höhenunterschied: ca. 900 m

Wanderzeit: 3 Stunden
Schwierigkeitsgrad: leicht!
Einkehr: Plattenhof, in Roverè della Luna
Karte: siehe Seite 64

Tourenverlauf: Der Aufstieg zu dieser Tour kann entweder über den Abstiegsweg von Tour 34 oder über den Fennberger Klettersteig vorgenommen werden. Eine weitere Variante bietet sich an, wenn man eine Mitfahrmöglichkeit mit einem Auto bis Unterfennberg zur Verfügung hat. Vom Plattenhof in Unterfennberg wandern wir über die Asphaltstraße nach Süden durch eine der wohl schönsten Erholungslandschaften Südtirols. Vorbei am naturbelassenen Fenner See, an dem romantischen Hügelkirchlein geht es immer leicht talwärts bis kurz vor das Gut Hofstatt, wo sich auf einer Höhe von über 1.000 m einer der höchstgelegensten Weingärten Mitteleuropas befindet. Kurz vor dem Gut biegen wir in einer Rechtskurve der Straße links in einen beschilderten Steig ab, der nun zwischen Gebüsch und später Mischwald ins Höllental führt. Das Rauschen des Baches in diesem von Felswänden gesäumten Tal kommt immer näher und nach leichter Wanderung erreichen wir die Talsohle mit dem Bach. Bei dessen Überschreitung passieren wir auch die Landesgrenze und befinden uns nun in der Provinz Trento. Zuerst über den WW 502, später Nr. 507 wandern wir das Höllental talauswärts und erreichen nach ca. 1½ Stunden die ersten Häuser von Roverè della Luna, einem ehemalig deutschsprachigen Dorf namens Eichholz, welches heute jedoch zur Gänze italienischsprachig ist. Wir durchqueren das Dorf über die weiter talwärts führende Dorfhauptstraße, folgen bei Erreichen der Talsohle der Linkskurve beim Sportplatz vorbei an einer Tankstelle, später unter der wuchtigen Felswand bei einer Kaserne und kommen zur Linksabzweigung nach Margreid, wo wir vorbei an Obst- und Weingärten über eine Landesstraße wieder unseren Ausgangspunkt bzw. Margreid erreichen.

37 **Wanderung:** Kurtinig – St. Florian

Ausgangspunkt: Kurtinig
Parken: Dorfplatz
Höhenunterschied: gering
Wanderzeit: 2 Stunden
Schwierigkeitsgrad: leicht!
Einkehr: GH bei Bahnübersetzung St. Florian

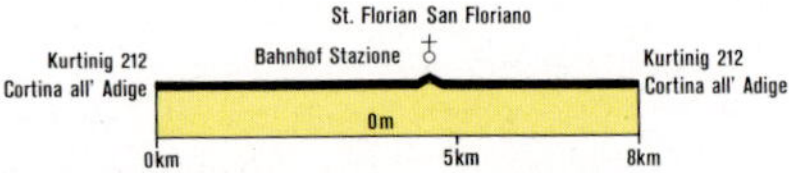

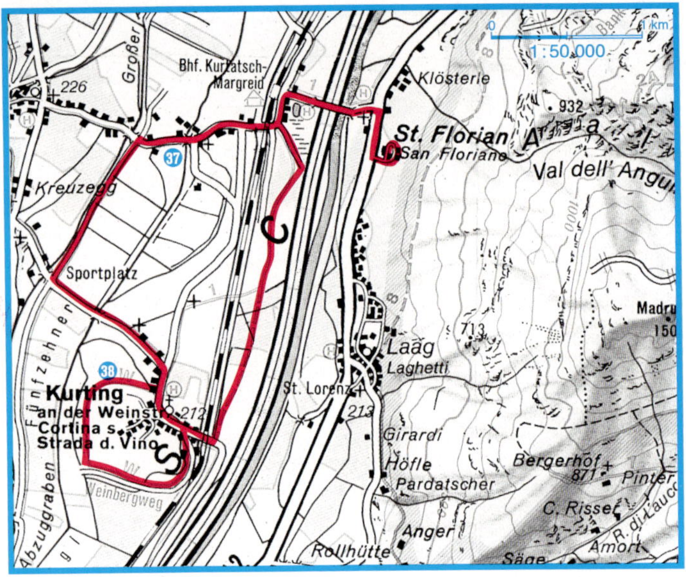

Tourenverlauf: Kurtinig weist in seinem knapp 2 km² kleinen Gemeindegebiet (zweitkleinste Gemeinde Südtirols) als einzige Gemeinde Südtirols weder Wald noch Fels auf, daher muß man die Wanderungen in diesem Bereich mehr als Spaziergänge betrachten. Die nun beschriebene führt uns zu einem kulturell interessanten Ort am gegenüberliegenden Etschufer. Vom Dorfplatz in Kurtinig zuerst ostwärts über die Bahn und danach gleich links in den Feldweg, der vor allem im Frühling durch prächtige Obstgärten Richtung Norden führt, bis er beim Bahnübergang und nahe dem Bahnhof Kurtatsch-Margreid wieder in eine Asphaltstraße einmündet. Dieser entlang kurz nordwärts, dann rechts über die Autobahnüberführung und Etschbrücke zur Staatsstraße. Hier ein kurzes Stück nach rechts und dann nach links hinauf zum mittelalterlichen Hospiz Klösterle bzw. St. Florian, einem vermutlich bereits im 12. Jh. existierenden Pilgerhospiz. Der Rückweg ist mit dem Hinweg bis zum Bahnübergang identisch. Man kann von hier aus nun auch ein Stück Richtung Margreid entlang der Straße wandern und vor der zweiten kleinen Brücke (Großer Kalterer Graben) links den landwirtschaftlichen Verbindungsweg zur Weinstraße und zurück nach Kurtinig benutzen.

38 **Wanderung:** Kurtiniger Weinbergweg

Ausgangspunkt: Kurtinig
Parken: Dorfplatz
Höhenunterschied: gering
Wanderzeit: 1 Stunde
Schwierigkeitsgrad: leicht!
Einkehr: im Ort
Karte: siehe Seite 66

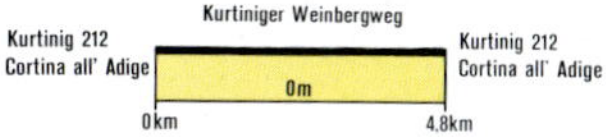

Tourenverlauf: Kurtinig bietet wie die meisten Gemeinden des Südtiroler Unterlandes in seinen schmalen Gäßchen dem Fotofreund manch romantisches Motiv. Ein Rundgang durch das Dorf sei bei den beiden in diesem Buch angeführten Spaziergängen im Gemeindegebiet empfohlen. Bei dem hier angeführten »Weinbergweg« handelt es sich eigentlich um einen ursprünglichen Rundgang um das kleine Dorf; von einem »Berg« ist bei einem Höhenunterschied von ganzen 3 Metern innerhalb des Gemeindegebietes wahrlich nicht zu sprechen. Der ursprünglich markierte Weg ist heute nur mehr schwer zu finden, trotzdem ist vor allem zur Zeit der Weinlese im Herbst (Oktober) dies ein interessanter Spaziergang, der dem Besucher die harte Arbeit der Weinbauern bei der Gewinnung des edlen Rebensaftes veranschaulicht. Die Route beginnen wir am besten vom Dorfplatz ein Stück Richtung Osten und biegen nach 50 Metern rechts Richtung Sportplatz ab. Geradeaus beginnt nun auf einer Asphaltstraße eine kleine Wanderung, die uns in etwa 45 Minuten wieder zum Sportplatz führt. Eine zweite Variante wäre, beim Sportplatz rechts (Asphaltstraße) abzubiegen, bis wir auf eine Gabelung stoßen. Dann weiter entlang eines Grabens rechts und in einer einstündigen Rundwanderung (dazwischen einmal Markierung »W« sichtbar) über landwirtschaftliche Wege zum westlichen Dorfrand von Kurtinig und wieder zurück zum Dorfplatz.

Eine Bitte:
Nimm Deine
Abfälle
wieder mit nach Hause!

Unterland – Regglberg

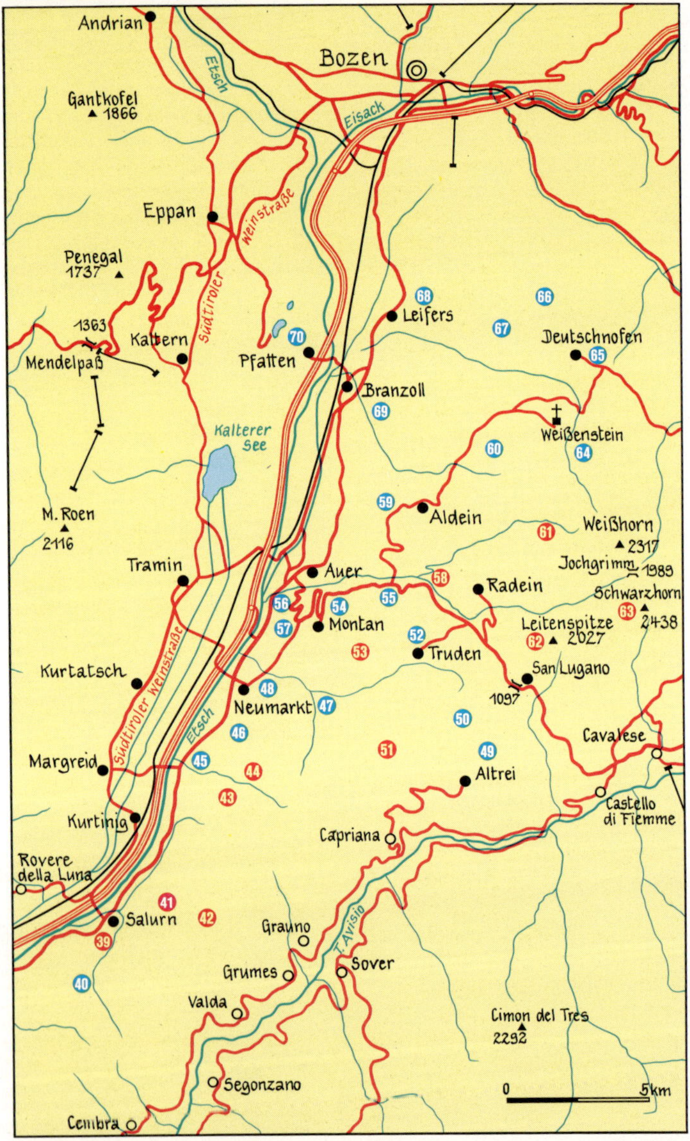

● Verkehrsverband, Verkehrsamt, Verkehrsverein

Eisenbahn

Straße

63 Lage der beschriebenen Wanderwege

◂ S. 68/69 Herbststimmung bei Truden

Ortsbeschreibungen:

ALDEIN

Gemeinde, Provinz Bozen, Einwohnerzahl: 1.600, Seehöhe: 1.225 m, Postleitzahl: I-39040. **Auskunft:** Tourismusverein Aldein-Radein. **Bahnstation:** Auer (18 km). Busverbindung.

Aldein zählt zu den sehr alten Niederlassungen, die sich tief in den Gebirgszug des sogenannten »Regglbergs« vorschieben. Dieser Gebirgszug bildet die ungefähre Sprachgrenze zwischen Deutschen und Italienern östlich der Etsch. Die Gemeinde Aldein besteht aus den Fraktionen Radein und Holen und liegt auf einer wellenförmigen, landschaftlich besonders schönen Hochfläche an der Autostraße von Auer nach Petersberg. Hier wechseln Bergwiesen, Äcker und Almen einander ab. Den Hintergrund bilden die bekannten »Zwillinge«, Schwarz- und Weißhorn. Besiedelt wurde die Gegend bereits zur Zeit der bajuwarischen Einwanderung. Neben älteren Urkunden, die das beweisen, wird Aldein auch später in einer Urkunde Kaiser Friedrich Barbarossas im Jahr 1175 erwähnt. Interessanterweise werden die Bewohner der Gegend bis zum Regglberg im Volksmund noch heute mancherorts als »Hessen« bezeichnet. Anscheinend deutet diese Bezeichnung auf Einwanderer aus nicht bayrischen Gegenden hin. Aldein ist die Heimat bedeutender Persönlichkeiten, wie Kardinal J. B. Franzelin, einer der Initiatoren des 1. Vatik. Konzils und Präsidenten des österreichischen Obersten Gerichtshofes während der Zeit Napoleons und des Wiener Kongresses und Freiherr von Dipauli, der als Bauernbub und Waisenknabe in dieser Landschaft aufwuchs.

Sehenswert

Die **Pfarrkirche** zum Hl. Jakob und zur Hl. Helena, 1309 und 1338 erwähnt. – Die als Leiterburg bezeichneten Ruinenreste am »Leiterweg«. – Der alte Karrenweg am Hof Karnol mit z. T. 1.000 Jahre alter Pflasterung. – Das **»Burgstallegg«** Stätte prähistorischer »Fluchtburgen«. – Das **»Butterloch«** für Mineralfreunde. – Die Brücke über den Holenbach. – Wallfahrtsort **Maria Weißenstein** – **Schloß Enn** bei Montan – Das Geburtshaus des Kardinals Franzelin.

ALTREI

Gemeinde, Provinz Bozen, Einwohnerzahl: 400, Seehöhe: 1.222 m, Postleitzahl: I-39040. **Auskunft:** Tourismusverein Altrei. **Bahnstation:** Auer (20 km). Busverbindung.

Die deutschsprachige Gemeinde liegt nahe an der Grenze zum Trentino auf einem Hochplateau in der Mitte des Avisiotales hoch über dem Stausee von Stramentizzo. Das Tal liegt östlich des Etschtales, der Avisio hat seinen Ursprung am Marmoladagletscher und mündet bei Lavis in das Etschtal. Das Avisiotal gliedert sich in drei Teile, wovon der obere »Fassatal«, der mittlere »Fleimstal« und der untere »Cembratal« heißt. Altrei liegt im Fleimstal. Die geologische Eigenart, geprägt vom Porphyrmassiv der Lagoraikette im Osten mit den vielen Almen und Bergseen, gibt der Gegend einen eigenen Reiz. Westlich schmiegt sich das Trudner Horn, 1.781 m, an, welches dem südlichsten Naturpark Südtirols seinen Namen gibt.

Altrei wurde bereits um die Jahrtausendwende besiedelt und wegen seiner faunareichen Waldgebiete besonders gern von Jägern aufgesucht. Altrei ist sowohl vom San Lugano Paß als auch vom Fleimstal aus erreichbar.

Sehenswert

Die **Kirche** mit dem Kriegerdenkmal. – Der **Stausee von Stramentizzo**. – Das neue **Rat- und Kulturhaus**.

AUER

Gemeinde, Provinz Bozen, Einwohnerzahl: 2.650, Seehöhe: 250 m, Postleitzahl: I-39040. **Auskunft:** Tourismusverein Auer. **Bahnstation:** im Ort. Busverbindung.

Wohlhabend und einladend dehnt sich das große Weindorf Auer im Südtiroler Unterland aus. Seine Weinbauernhöfe und Ansitze liegen mitten in einem der fruchtbarsten Landstriche der Etschebene, am Fuße steiler Porphyrabstürze und an der Mündung des Holenbaches. Von Auer aus steigt auch die Straße an, die in das Fleimstal und damit in das Herz der Dolomiten führt.

Auer bildete in der Vergangenheit den Mittlepunkt der Urpfarre zwischen der Etsch und den Grenzkämmen zum Fleimstal. Schon zur Römerzeit befand sich auf dem Hügel von Castelfeder eine Militärstation, später eine langobardische Befestigung, die 590 von den Franken erobert wurde (Castel Ennamase).

Die Reste der Burgruine Castelfeder auf dem gleichnamigen Hügel bergen auch heute noch Geheimnisse. Hier wurden die Spuren von 160 vorgeschichtlichen Siedlungsstätten entdeckt. Funde von römischen Inschriften und verschiedene Namensdeutungen weisen darauf hin, daß hier zur Römerzeit das Castellum vetus bestanden hat. Die Burg wurde im 12. Jh. kurz von den späteren Gerichtsherren von Enn bei Montan bewohnt.

Sehenswert

Die ursprünglich romanische **Pfarrkirche St. Peter**, die einstige Urpfarre. 1149 urkundlich erwähnt, im 16. Jh. im spätgotischen Stil umgebaut. – Das **gotische St.-Daniels-Kirchlein** auf dem Kiechlberg (um 1409. Im Innenraum sehenswerte Fresken, u.a. »Christus in der Kelter« und »Daniel in der Löwengrube«; wertvoller Hochaltar (1525), Plastiken aus der Donauschule. – Die **Ruine Castelfder**. – **Schloß Auer**, ehemaliger Sitz der Herren von Auer; mit später angebautem Renaissancetrakt. – **Ansitz Baumgarten** aus dem 13.Jh., später umgebaut. – Der Kriegerfriedhof der Gefallenen von 1914 – 1918.

BRANZOLL

Gemeinde, Provinz Bozen, Einwohnerzahl: 2.000, Seehöhe: 238 m, Postleitzahl: I-39051. **Auskunft:** siehe Leifers. **Bahnstationen:** Auer (8 km) und Leifers (4 km). Busverbindung mit Bozen.

Branzoll ist ein typisches Obst- und Weinbauerndorf voll wohltuender Stille und Behaglichkeit. Die teilweise noch aus dem 17. Jh. stammenden Höfe und Ansitze erinnern an die frühere Bedeutung des Ortes. Hier befand sich nämlich der nördlichste Anlegeplatz der Etschschiffahrt. Die Lastkähne und Flöße wurden etschaufwärts bis zur »Lend« mit Pferden gezogen, während die vom Oberland und dem Bozener Markt hierhergebrachten Frachten auf Flachschiffe oder Flöße verladen und flußabwärts geschafft wurden. Eine besonders wichtige Rolle spielte auch die Holztrifft. Neben dem Obst- und Weinbau geht die Bevölkerung heute u.a. der Arbeit in den nahen Porpyrsteinbrüchen nach.

DEUTSCHNOFEN

Gemeinde, Provinz Bozen, Einwohnerzahl: 3.250, Seehöhe: 1.357 m, Postleitzahl: I-39050. **Auskunft:** Tourismusverein Deutschnofen-Eggen-Petersberg. **Bahnstation:** Bozen (29 km). Busverbindung mit Bozen.

Deutschnofen liegt an der Sonnenseite eines sanft ansteigenden Hanges inmitten einer weiten, welligen Hochfläche. Dieses Hochland grenzt im Norden an das Eggental, im Süden fällt es gegen das Brantental ab. Das Land ist von Wiesen und Wäldern durchzogen, es wirkt freundlich und offen, das

Deutschnofen

Klima ist mild. Lohnende Ausblicke auf den Rosengarten und Latemar, wie hinüber nach den Adamello- und Ortlerbergen machen Deutschnofen zum Ziel vieler Ausflügler. Der Wintergast findet hier ein besonders für Anfänger geeignetes Skigelände. Die Gründung der Siedlung geht auf das 12. Jh. zurück, sie wird 1279 als Nova teutonica (nova = Rodung; deutsche Neurodung) erwähnt. Aus Hessen oder Schwaben stammende Bergknappen waren hier angesiedelt worden, die das im Latemargebiet geschürfte Edelmetall einschmolzen. Zur Gemeinde Deutschnofen gehört auch der im Eggental liegende Weiler Birchabruck.

Sehenswert

Die **Pfarrkirche,** 15. Jh., wertvoller Hochaltar, Reliefbilder. – Die Hügelkirche **St. Helena,** 13. Jh., gotische Fresken aus dem 15. und 16. Jh. – **St.-Agatha-**Kirchlein – **Wallfahrtskirche Maria Weißenstein,** volkstümlichster Wallfahrtsort Südtirols, 17. Jh., Wandmalereien von Adam Mölk.

LEIFERS

Gemeinde, Provinz Bozen, Einwohnerzahl: 13.700, Seehöhe: 258 m, Postleitzahl: I-39055. **Auskunft:** Tourismusverein Leifers-Branzoll-Pfatten. **Bahnstation:** im Ort. Busverbindung mit Bozen.

Bereits 1237 als »Leifuers« urkundlich genannt, erfreut sich der Ort heute einer zunehmenden Beliebtheit unter den Erholungsuchenden. Die riesigen Obstgärten an der Etsch machen Leifers zu einer der größten Obstbaugemeinden Südtirols.

Sehenswert

Pfarrkirche, neuromanisch, Turm altromanisch, mit dem Gnadenbild von Maria Weißenstein. – Kirchlein **St. Peter am Köfele,** romanisch. – **Pension »Zur Pfleg«,** ehem. Wirtschaftsgebäude der zerfallenen Burg Liechtenstein am Peterköfele. – **Alte Pfarrkirche** St. Jakob, gotisch mit altromanischem Turm. – **St. Heinrichskirchlein** in Seit, 1853 aus einem Schulhaus umgebaut.

MONTAN

Gemeinde, Provinz Bozen, Einwohnerzahl: 1.400, Seehöhe: 492 m, Postleitzahl: I-39040. **Auskunft:** Tourismusverein Montan. **Bahnstation:** Auer (4 km). Busverbindung.

Das auf einem östlichen Etschtalhang liegende Dorf Montan besteht aus der gleichnamigen Gemeinde und dem südlicher gelegenen Weiler Pinzon. Auf einem bewaldeten Hügel erhebt sich über dem Ort der imposante Bau von Schloß Enn. Es war der Sitz der aus Bayern stammenden Herren von Enn, bischöflichen Lehensträgern, die das weite Gebiet der Grafschaft Enn zwischen Salurn, dem Fleimstal und Auer-Aldein für das Bistum Trient verwalteten, bis sie nach der Inbesitznahme der Grafschaft durch die Tiroler Grafen ihren Herrensitz verlassen mußten. Ein Heinrich von Enn war im 13. Jh. Bürgermeister von Verona und Neffe des Eroberers von Rom Ezzelino da Romano, eines Gefolgsmannes Friedrich II. von Hohenstaufen. Das Schloß wechselte mehrmals den Besitzer, seit 1648 blieb es im Besitz der venetianischen Patrizierfamilie Zenobio und deren Nachkommen der Grafen Zenobio-Albrizzi. Montan wird wegen seiner vielen Wandermöglichkeiten und seines als Weinort bekannt gewordenen Namens von zahlreichen

Gästen aufgesucht. In den Weinbergen an der Montaner Leiten gedeihen bekannte Etschländer Weinsorten. Auch der Obstertrag zeichnet sich durch sehr gute Qualitäten aus.

Sehenswert

Die **Pfarrkirche** – **Schloß Enn,** erbaut im 12. Jh. Sitz der Grafen von Enn, später landesfürstl. Pfleger, um 1500 im Auftrag Kaiser Maximilians I. von Blasius Anich neu instandgesetzt (im Palas getäfelter Saal mit wertvoller Holzdecke, schönen Türen, in der ursprünglichen Form erhalten; der Bau wurde im vorigen Jahrhundert im neugotischen Stil erweitert, Besichtigung nur mit Sondererlaubnis). – Die **St.-Stephans-Kirche** in Pinzon, vermutlich im 12. Jh. errichtet, 1410 von Konrad von Neumarkt im gotischen Stil umgebaut, im Innern: sehr kostbarer Flügelaltar von Hans Klocker, um 1500. Der Altar zählt zu den wertvollsten spätgotischen Flügelaltären Tirols. – Die **Loretokapelle** in Kalditsch. – Das **Kapuziner Hospiz** in Gschnon.

NEUMARKT

Gemeinde, Provinz Bozen, Einwohnerzahl: 4.000, Seehöhe: 217 m, Postleitzahl: I-39044. **Auskunft:** Tourismusverein Neumarkt. **Bahnstation:** im Ort. Busverbindung mit Bozen und Trient.

Neumarkt ist der größte Ort des Südtiroler Unterlandes. Zur Gemeinde gehören außerdem die Weiler Vill, Mazon und Laag. Auf den Terrassen, die sich vom Osten an das Etschtal heranschieben, gedeiht der berühmte Mazoner Blauburgunder. Neumarkt ist durch seine geographische Lage im Zentrum des Unterlandes verkehrstechnisch besonders begünstigt. Solange auf dem Etschfluß die Floßfahrt betrieben wurde, besaß der Ort auch als Warenumschlagplatz eine große Bedeutung. In der Gegend des Weilers Vill (Villa!) errichteten die Römer auf

Lauben in Neumarkt

ihrem Zug nach Germanien in der Zeit Kaisers Augustus die Militärstation Endidae Mansio. Die Gründung von Neumarkt selbst durch Bischof Konrad von Trient fand im Jahre 1189 statt. Schon bald besaß die neue Niederlassung Zoll- und Steuerfreiheiten. Im Jahre 1372 erhielt die Bürgerschaft vom tirolischen Landesfürsten eigene Privilegien für die Warenbeförderung und besondere Rechte in der Gerichtsbarkeit. In Neumarkt lag auch bis zur Erbauung der Eisenbahn (1859) die wichtigste Poststation des Unterlandes. Noch heute erinnert das historische Zentrum (die Laubenstraße, die Andreas-Hofer-Straße und die Straße ins Fleimstal) an die frühere Bedeutung als Warenumschlagplatz. Es gibt hier schöne Häuserfassaden, die nach und nach restauriert werden, und malerische Laubengänge.
Nur zwei Kilometer südlich von Neumarkt steht, etwas versteckt, oberhalb des Elektrizitäswerkes ein altes Hospiz, das »Klösterle«, das im Mittelalter als Rast- und Zufluchtstätte für Pilger, Wanderer und fahrendes Volk diente. In der Nähe, etwas unterhalb der Straße, steht das romanische Kirchlein St. Florian, bereits 1189 erwähnt. Über dem etwas südlicher gelegenen Weiler Laag erhebt sich der helle Kalksteinfelsen des Madruttberges. Er ist wegen der unterhalb des Gipfels je abstürzenden Bruchwand, der 300 m hohen Madrutter Platte, ein Wahrzeichen des unteren Etschtales.

Sehenswert

Die **Pfarrkirche St. Nikolaus**, ursprünglich romanisch mit noch bestehendem romanischem Turm, 1410 und 1474 von Konrad von Neumarkt und Andre Hofer umgebaut, im 17. Jh. vergrößert; vor einigen Jahren wurden Fresken aus dem 15. Jh. freigelegt. – **Burgruine Kaldiff** nahe dem Dörfchen Vill, 12. Jh. Sitz einer Nebenlinie der Herren von Enn. – **Ansitz Griesfeld** aus dem Jahr 1646 (lombardischer Barock). – Das **Ballhaus** (Einstell- und Anlageplatz für Waren) aus der Zeit der Etschschiffahrt. – Die **Kirche Unsere Liebe Frau** in Vill, gotisch, Anfang 15. Jh., von Konrad von Neumarkt begonnen, um 1461 von Hans Feur und von 1461 – 1472 von Andre Hofer weitergeführt, zuletzt 1504 von Peter Ursel von Tramin vollendet (bemerkenswert schöne gotische Altaraufbauten, wertvolles Sakramentshäuschen). – **Ansitz Karneid**, 1322 erstmals erwähnt.

RADEIN

Ortschaft der Gemeinde Aldein, Provinz Bozen, Einwohnerzahl: 300, Seehöhe: 1.560 m, Postleitzahl: I-39040. **Auskunft:** siehe Aldein. **Bahnstation:** Auer (21 km). Busverbindung bis Kaltenbrunn.

Die Ortschaft Radein besteht aus zahlreichen, über einen Bergrücken verteilten, bäuerlichen Siedlungen. Besonders malerisch wirkt die auf einem kleinen Hügel erbaute Kirche. Die Anlage mancher Bauernhöfe erinnert an die harte wie selbstbewußte Lebensart ihrer Besitzer an der Sprachgrenze. Ein Bespiel hierfür ist der Zirmerhof. Die von dort gebotene Fernsicht, ebenso wie die Lage des Hofes hat seit jeher Schriftsteller und Künstler angelockt. Die Straße nach Radein zweigt von der Fleimstalstraße bei Kaltenbrunn ab.

Sehenswert
Die **St.-Wolfgang-Kirche** (interessante Ablaßurkunde des Borghia-Papstes Alexander VI. »Capella St. Wolfgangi Confessoris in Monte Radoi« im Pfarrhaus). – Der **Zirmerhof** und **Wastlhof**. – **Versteinerungen** und **Knappenlöcher** in der **Bletterbachschlucht**.

Wolfgangkirche in Radein

SALURN

Gemeinde, Provinz Bozen, Einwohnerzahl: 2.550, Seehöhe: 226 m, Postleitzahl: I-39040. **Auskunft:** Tourismusverein Salurn. **Bahnstation:** im Ort. Busverbindung mit Bozen und Trient.

Salurn an der gleichnamigen Klause ist der südlichste Ort des deutschsprachigen Siedlungsraums. Am Weg nach Faedo, der auch als Römerweg bezeichnet wird, liegt das letzte deutsche Bauernanwesen, der Salamonhof. Salurn besaß schon von altersher Bedeutung als Verkehrsknotenpunkt. Wenn das Etschtal in vergangenen Zeiten durch Überschwemmungen gesperrt war, dienten die Wege über das Monzalon nach Faedo und ein nach Südosten abzweigender Weg nach Cembra als Verbindung mit dem Süden. Diesen Weg dürfte auch Albrecht Dürer benutzt haben, als er im Jahr 1494 auf seiner Italienreise durch diese Gegend zog und dabei die Aquarelle »welsch pirg« und »ain welsch schlos« schuf, die wahrscheinlich die Burgruine Segonzano im Cembratal darstellen.
Vermutlich hat in der Gegend von Salurn bereits in vorgeschichtlicher Zeit eine Siedlung bestanden. 180 römische Gräber sind hier zutagegetreten, und die Historiker sehen das Gebiet als Schlachtfeld zwischen Franken und

Langobarden an. Eine große strategische Bedeutung hatte an dieser engen Stelle des Etschtals die Haderburg, das einstige »Salurner Schloß«, die sich einem Adlerhorst gleich auf einem Felsenzahn vor dem steil abfallenden Geiersberg erhebt. Auf der Burg, die vielleicht schon im 6. Jahrhundert bestand, saßen vom Jahr 1100 an deutsche Ritter als Lehensträger der Bischöfe von Trient. Im 13. Jahrhundert kam sie unter die Herrschaft der Tiroler Grafen, um 1345 wurde sie von Markgraf Ludwig von Brandenburg erobert. Philipp Melanchthon, ein Freund Martin Luthers, weilte 1551 hier zu Gast. Zusammen mit anderen Besitzern wurde die Burg im Jahre 1648 von den venezianischen Grafen Zenobio-Albrizzi erworben, die sie noch heute besitzen.

Sehenswert

Die **Pfarrkirche** zum Hl. Andreas, die 1215 erwähnt und 1628—1640 im Renaissancestil umgebaut wurde (auffallend die reich gegliederte Fassade). — Der **Ansitz Hoffenburg** mit schönem Erker und kunstvoller Außentreppe. Im Inneren Saal mit Deckengemälde (»Salomons Urteil«). Im Ort liegen verschiedene Adelssitze; denn seltsamerweise hatten sich gerade hier an der Sprachgrenze in Salurn besonders viele Adelsfamilien niedergelassen. — Die **Ruine Haderburg,** das einstige »Salurner Schloß«, das im Laufe seiner langen Geschichte Schauplatz zahlreicher bedeutender, vor allem kriegerischer Ereignisse war (Zugang nur für Schwindelfreie). — Ansitz **Karneid.**

TRUDEN

Gemeinde, Provinz Bozen, Einwohnerzahl: 950, Seehöhe: 1.127 m, Postleitzahl: I-39040. **Auskunft:** Tourismusverein Truden. **Bahnstation:** Auer (17 km). Busverbindung.

Das Bergdorf Truden breitet sich in einem Kessel des oberen Mühlentales aus. Die Ortschaft wird von einem dichten Wald umrahmt, der von den Kegeln des Cocul (1.563 m) und Kalmegg (1.384 m) gekrönt wird. Zu Truden gehören die Fraktionen San Lugano und Mühlen an der Fleimstalstraße. Auch Truden führt seine Entstehung auf vorgeschichtliche Zeiten zurück. Urkundlich wird es bereits im Jahr 1112 erwähnt. Die über das Gebiet herrschenden Herren von Enn in Montan brachten deutsche Siedler in die Gegend. Die Gemeinde gehörte in früherer Zeit politisch und kirchlich zum italienisch-sprachigen Fleimstal, jedoch wirtschaftlich und nach ihrer Volkszugehörigkeit zum deutschen Sprachraum. Jedenfalls werden die Bewohner des Tales um 1600 ausdrücklich als »teitsch« bezeichnet. Der Ort genießt seit langem einen guten Ruf als Sommerfrische. Bei der Häusergruppe von Kaltenbrunn zweigt die Zufahrtsstraße nach Truden von der Fleimstalstraße ab. Truden ist auch von Montan aus erreichbar. Sowohl über die Heilquelle von Kaltenbrunn als auch über den 3 km entfernten San Lugano Paß berichten schon alte Schriften und auch Sagen.

Sehenswert

Die **Pfarrkirche**, ursprünglich romanisch, im 15. Jh. neu gebaut. – Die **Statue der Barmherzigen Mutter** in der Ortskapelle. – Der **Naturpark Trudner Horn**. – Die **600jährige Dorflinde**. – Der durch die Grenzlinie zweier Gemeinden geteilte **Bauernhof**, wonach ein Verstorbener, je nach Lage des Sterbezimmers, in verschiedenenen Gemeinden beerdigt werden mußte.

Wanderungen im Unterland und am Regglberg

39 **Wanderung:** Salurn – Ruine Haderburg

Ausgangspunkt: Salurn
Parken: Parkplatz am Fuß der Ruine
Höhenunterschied: 130 m
Wanderzeit: 1¼ Stunden (Hin- und Rückweg)
Schwierigkeitsgrad: mittel!

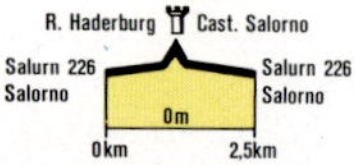

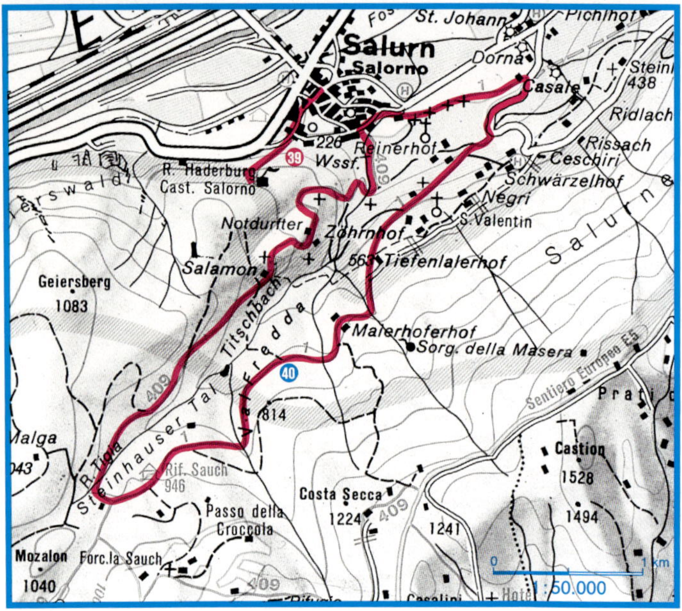

Tourenverlauf: Dort, wo die Felswände des Geiersberges südlich von Salurn steil gegen die Etsch abfallen, erhebt sich auf einem schier unbezwingbaren Felszahn eine der interessantesten Burgruinen Südtirols – die Haderburg. Vom Norden aus wegen der Gleichfarbigkeit mit dem Hintergrund oft schwer erkennbar, ragt sie von unserem Ausgangspunkt gesehen kühn gegen den blauen Himmel. Der Aufstiegsweg beginnt bei diesem Parkplatz zwischen Gebüsch und führt über einen ausgetretenen Schottersteig immer wieder zwischen Gebüsch sehr steil aufwärts. Weiter oben wird der Weg immer felsiger – feste Bergschuhe sind bei dieser kurzen Tour sehr anzuraten. Wir erreichen nach ca. 20 Minuten Aufstieg einen Verbindungsrücken zwischen Burgfels und Geiersberg. Über z. T. ausgesetzten Felssteig steigen wir von Südosten in die mindestens ins 12. Jh. zurückreichende Anlage ein. Die Ruine selbst wurde vor einigen Jahren saniert und zeugt daher dem Besucher neben ihrer prachtvollen Lage von ihrer einstigen Wehrhaftigkeit. Nach einem Rundgang über die begehbaren Teile der Ruine treten wir wieder über den Aufstiegsweg den Abstieg an.

Salurner Klause

40 **Wanderung:** Salurn – Salamonhof – Sauchhütte, 946 m

Ausgangspunkt: Salurn
Parken: am Kirchplatz
Höhenunterschied: 720 m
Wanderzeit: 5 Stunden
Schwierigkeitsgrad: leicht!
Einkehr: Sauchhütte
Karte: siehe Seite 80

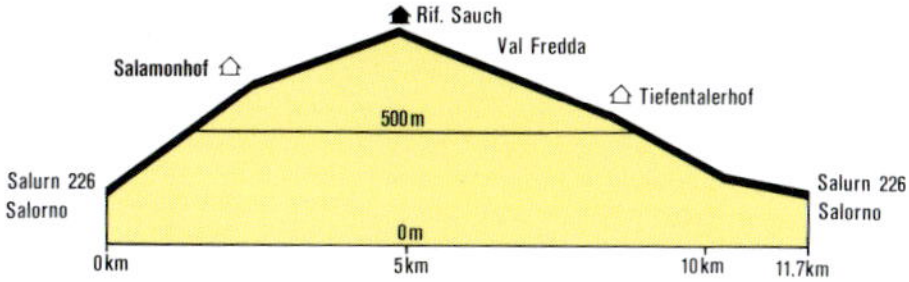

Tourenverlauf: Vom großen Platz vor der Salurner Kirche wenden wir uns nordöstlich in den Schloßweg und erreichen den Beginn unseres Wanderweges (beschildert) beim Wasserfall, der sich nahe den letzten Häusern im Ort befindet. Den Graben überqueren wir über eine malerische, überdachte Holzbrücke und steigen nun über den WW 409 durch Buschwald in Kurven und Serpentinen bergwärts. Nahe dem rauschenden Bach gelangen wir zu einem Fahrweg und auf die Anhöhe beim Salamonhof. Durch Buchenwälder führt der nun flacher gewordene Weg hinein ins Steinhausertal. Wir gelangen nun auf Trientiner Gebiet, überqueren den kleinen Bach und kommen zu einer Abzweigung. Rechts führt der Weg Nr. 1 zum sogenannten »Heiligen See« (Lago Santo). Der Abstecher dorthin erfordert hin und zurück ca. 3 Stunden und ist für Konditionsstarke sehr lohnend. Links dem Weg 1 folgend, erreichen wir in ca. 15 Minuten die Sauchhütte. Der Rückweg führt in gemütlicher Wanderung über den WW 1 nördlich beim Tiefentalerhof links hinunter über einen Feldweg, der uns zu einer Kurve der Fahrstraße nach Buchholz bringt. Auf dem markierten Kalvarienbergweg spazieren wir dann wieder zurück nach Salurn.

41 **Rundwanderung:** Salurn – Laukustal – Buchholz – Salurn

Ausgangspunkt: Salurn
Parken: Hauptplatz
Höhenunterschied: 360 m
Wanderzeit: 4 Stunden
Schwierigkeitsgrad: mittel!
Einkehr: in Buchholz, Garba

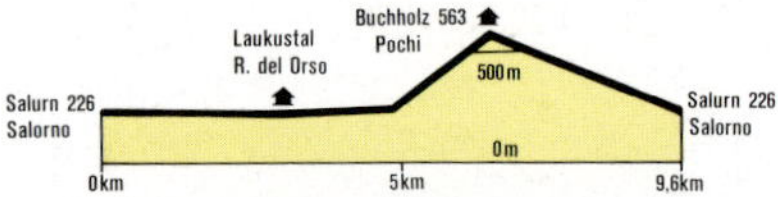

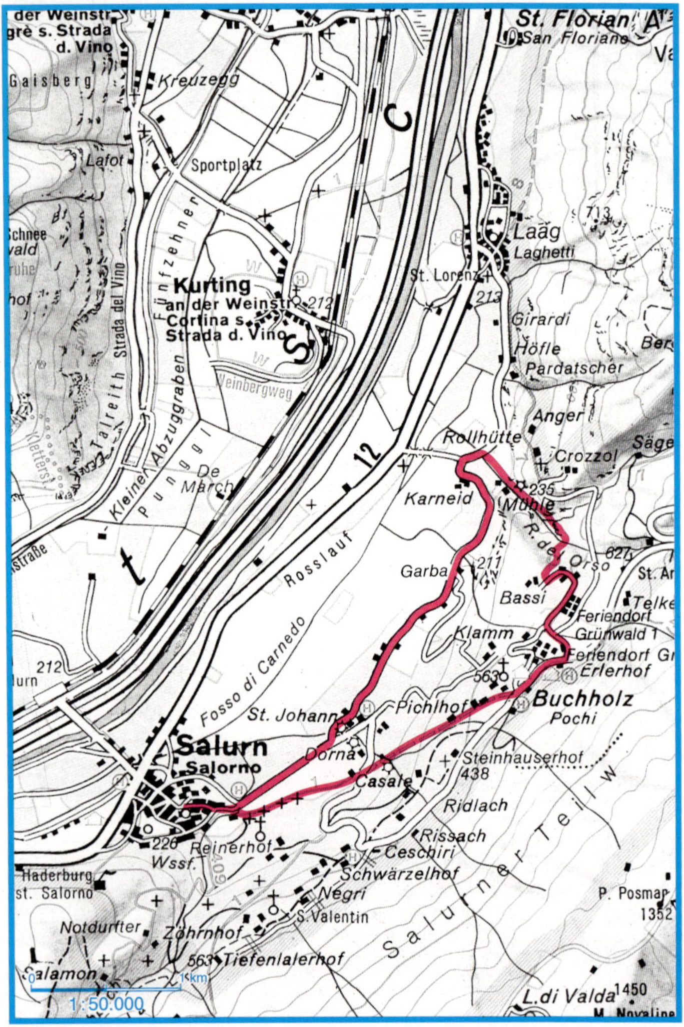

Buchholz bei Salurn

Tourenverlauf: Wir wandern von Salurn Richtung Buchholz. 1 km außerhalb des Ortszentrums biegen wir links nach Karneid ab (rechts Schild Buchholz-Gfrill). Über eine Asphaltstraße geht es zur Jausenstation Garba. Nach einer Linkskurve erreichen wir den Ansitz Karneid. In der darauffolgenden Linkskurve zweigen wir ab, indem wir geradeaus weiter den Feldweg zwischen den Weingärten benutzen. Wir erreichen nach wenigen Minuten die Laukusbachbrücke, hinter der rechts abzweigend der rot-weiß markierte Wanderweg – stellenweise sehr zugewachsen – dem Bach entlang aufwärts führt. Vorbei an der alten Mühle und durch die kleine Klamm – keine Brücke, kein Steg! – geht es immer der Markierung folgend – an einer Drahtseilsicherung vorbei – hinauf zu den ersten Gehöften von Buchholz und zum Feriendorf Grünwald I. Hinter der Kirche von Buchholz beginnt beim Parkplatz ein schmaler Steig (markiert), der nun wieder talwärts und an schönen Aussichtsplätzen nach Salurn und zur Salurner Klause führt.

42 **Höhenwanderung:** Gfrill – Buchholz – Salurn

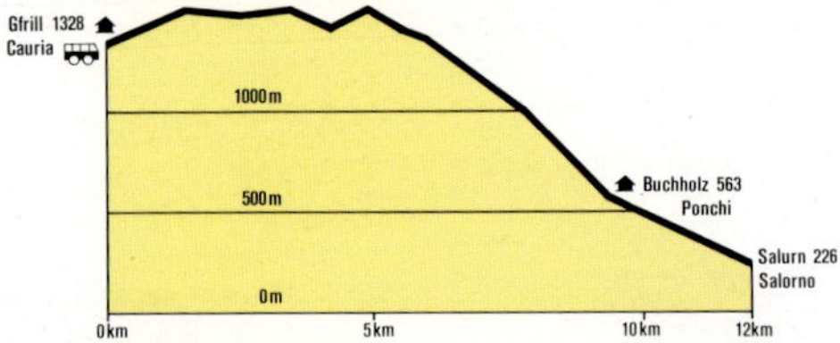

Ausgangspunkt: Grillsattel
Parken: Bushaltestelle in Salurn
Höhenunterschied: 1.250 m

Wanderzeit: 4½ Stunden
Schwierigkeitsgrad: mittel!
Einkehr: in Buchholz und Salurn

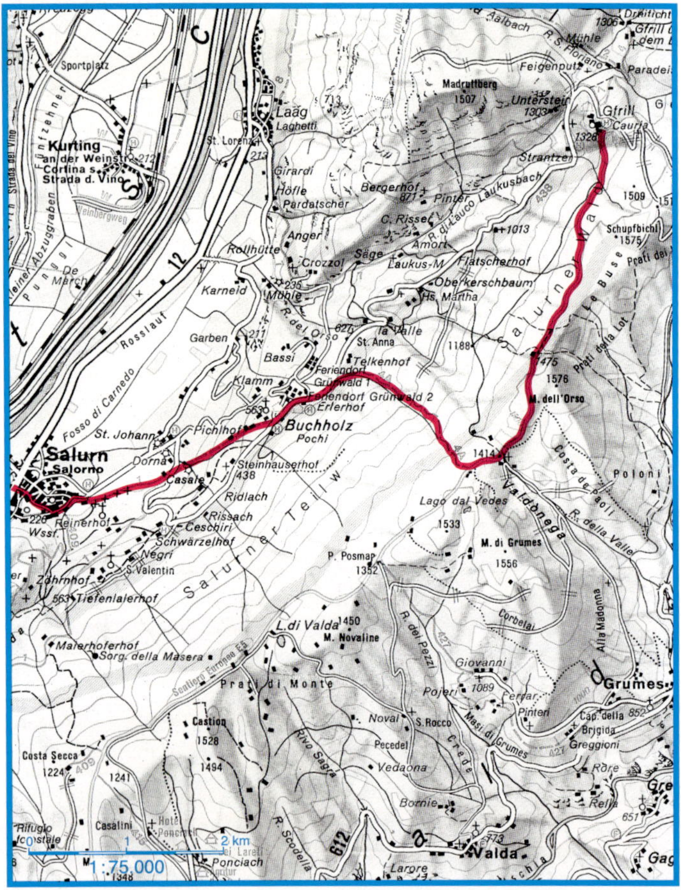

Kleiner Fuchs

Tourenverlauf: Mit dem Bus fahren wir die kurvenreiche Straße hinauf nach Gfrill mit dem kleinen Kirchlein und einigen Gehöften. Dieser aussichtsreiche Ort ist ein Schnittpunkt zahlreicher Wanderwege und daher auch Ausgangspunkt für zahlreiche schöne Touren im Gebiet des Naturparks Trudner Horn. Unsere Tour führt uns auf den bewaldeten Bergrücken, der von Gfrill bis zum in Tour Nr. 40 erwähnten Heiligen See führt. Südlich von Gfrill beginnt der gut markierte (Europäischer Fernwanderweg E 5) Wanderweg leicht anzusteigen. Nach 1¼ Stunden erreichen wir mit 1.475 m Höhe unseren höchsten Punkt. Bei leichtem Gefälle führt nun der Weg zu einem kleinen Sattel mit ein paar Almhütten, wo nun rechts ein alter Wanderweg 4 A, der heute wenig begangen wird, abzweigt. Schmale, steile Waldpfade münden nahe der Feriensiedlung Grünwald 2 in die Straße bei Buchholz. Wie bei Tour Nr. 41 erreichen wir über den Weg Nr. 1 unseren Ausgangspunkt in Salurn.

43 **Wanderung:** Gfrill – Madruttberg, 1.507 m

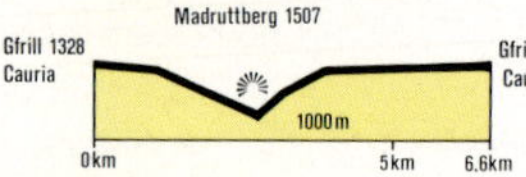

Ausgangspunkt: Gfrill
Parken: große Kurve unterhalb des Dorfes

Höhenunterschied: 150 m
Wanderzeit: 3½ Stunden
Schwierigkeitsgrad: mittel!

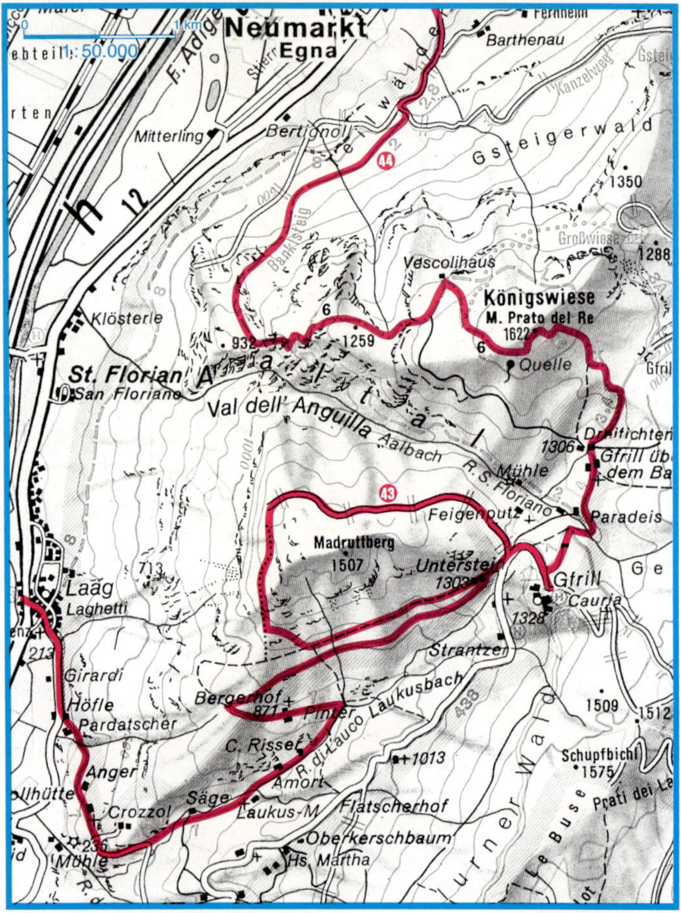

Tourenverlauf: Am Rande des Naturparks Trudner Horn befindet sich hoch über dem Etschtal aufragend der 1.507 m hohe Madruttberg, in dessen Bereich sich ein aussichtsreicher Wanderweg befindet.

Seine vollständige Beschilderung und Markierung wurde im Jahre 1987 fertiggestellt. Von der letzten Rechtskurve bei der Auffahrtsstraße nach Gfrill wandern wir ein kurzes Stück zurück und biegen rechts in den Feldweg ein, der zu den Untersteinhöfen führt. Leicht abwärts, danach ziemlich eben führt der Weg nun nach Westen dem Kamm entlang. Zwischendurch weist uns bereits eine Beschilderung den Weiterweg. Über »Seilbahn- und Teufelsweg« steigen wir dann nach Norden abzweigend steiler über einen Waldsteig zu den Westhängen des Madruttberges hinauf, bis wir eine Forsthütte erreichen, von der wir eine wunderbare Aussicht auf das Etschtal genießen. Wir gelangen dann weiter zu einer Forststraße, auf der wir uns nun ostwärts wenden und in ziemlich ebener Wanderung wiederum die Straße nahe Gfrill erreichen.

44 **Wanderung:** Neumarkt – Banklsteig – Königswiese, 1.622 m – Gfrill – Laag

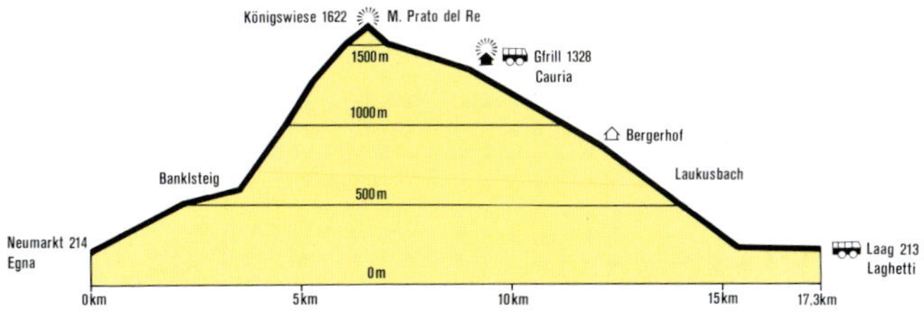

Ausgangspunkt: Neumarkt
Parken: Dorfmitte
Höhenunterschied: 1.400 m
Wanderzeit: 6½ Stunden

Schwierigkeitsgrad: mittel!
Einkehr: in Gfrill
Karte: siehe Seite 86

Tourenverlauf: Von der Kreuzung in der Neumarkter Ortsmitte (mit Ampel) wandern wir 100 m in Richtung Montan und biegen von der Fleimstaler Straße nach rechts in einen mit "2" Richtung Gfrill markierten Weg ein. Der Weg steigt in Richtung Mazon durch Wald, Wiesen und Weingärten bis wir zu einer Fahrstraße gelangen, der wir südwärts folgen. Nach einer knappen halben Stunde erreichen wir einen Linksabzweiger in Richtung Gfrill, Königswiese. Immer der Markierung Nr. 2 folgend, wandern wir auf dem wunderschönen Banklsteig nun steiler ansteigend in das in seiner Nordseite von Felsen gesäumte Aaltal. Dort zweigen wir links in den Waldsteig Nr. 6 ab, der uns zuerst zur Ruine der Vescolihütte und dann auf die Königswiese, 1.622 m, führt. Für den Abstieg gibt es zwei Varianten: Am Weg Nr. 4A zuerst über Großwies nach Gschnon und weiter nach Neumarkt, umgekehrt wie der Aufsteig in der Tour 47 beschrieben, siehe dort, insgesamt 7 Stunden. Oder am Weg Nr. 4A über Großwies Richtung Gschnon, kurz vor Gschnon biegen wir auf den Weg Nr. 3 links ab und gelangen über den Gasthof Gsteigerhof, 889 m, nach Neumarkt, wie bei den Touren 47 und 48 beschrieben, insgesamt 6½ Stunden.

45 **Wanderung:** Neumarkt – Laag

Ausgangspunkt: Neumarkt
Parken: Zentrum, Nähe Kreuzung zur Fleimstaler Straße
Höhenunterschied: 350 m
Wanderzeit: 3 Stunden
Schwierigkeitsgrad: leicht!
Einkehr: in Laag

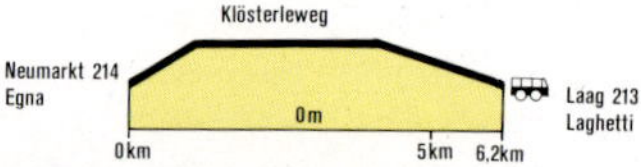

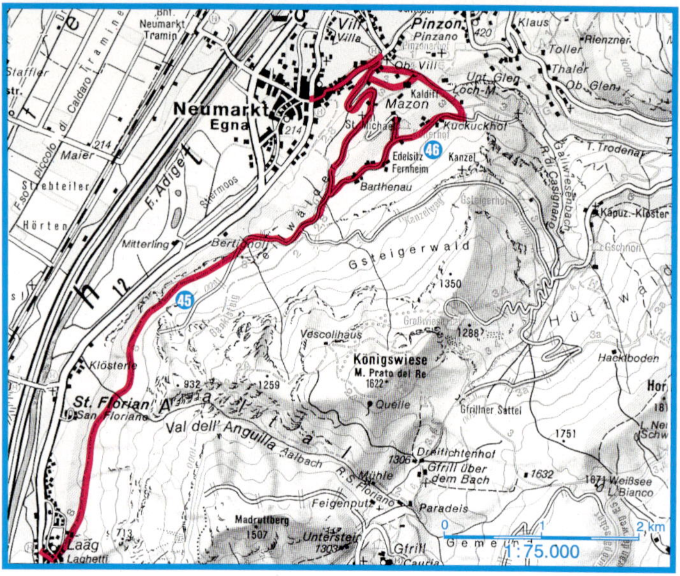

Tourenverlauf: Bei der Ampelkreuzung in der Neumarkter Ortsmitte ostwärts hinauf in die Fleimstaler Straße. Nach 100 m findet man rechts den Wegweiser mit den Markierungsnummern 2 und 8. Wir folgen dem nun gemütlichen Wanderweg hinauf zum Mazoner Plateau. Recht abwechslungsreich führt der Weg durch Wiesen und Weingärten, später durch Wald und bietet uns zeitweise schöne Aussichtsplätze ins Unterland. Wir erreichen nach einer knappen Stunde einen Linksabzweiger, der zur Kanzel und nach Gfrill führt. Wir bleiben jedoch geradeaus und folgen der Markierung Nr. 8. Bei einer darauffolgenden Kuppe, dem Scheitelpunkt der Route, zweigen links 2 Wege ab. Wir bleiben jedoch auf dem sich talwärts neigenden Steig, der nun etwas schmaler und flacher wird. Bald wandern wir unter der mächtigen Madruttwand entlang und passieren nach einem kleinen Buschwald das sogenannte Klösterle bei St. Florian. Mit eindrucksvollen Blicken in das fruchtbare untere Etschtal und zur Salurner Klause wandern wir weiter, passieren das meist ausgetrocknete Flußbett des Aalbaches und folgen dem Weg durch einen Föhrenwald talwärts. Nach kurzem erreichen wir die ersten Häuser am Südrand von Laag. Von hier aus kann mit dem Bus unser Ausgangspunkt in Neumarkt erreicht werden.

Herbst bei der Ruine Kaldiff

46 **Wanderung:** Mazoner Spazierweg

Ausgangspunkt: Neumarkt
Parken: im Ort (wie bei Tour 45)
Höhenunterschied: 250 m
Wanderzeit: 2 Stunden
Schwierigkeitsgrad: leicht!
Einkehr: Kollerhof
Karte: siehe Seite 88

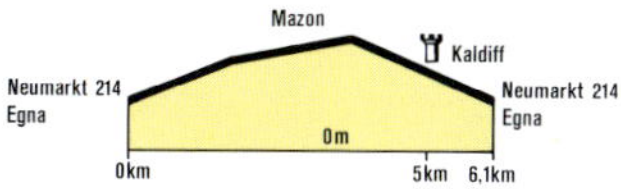

Tourenverlauf: Wie bei Tour 45 in die Fleimstaler Straße, jedoch diese ein Stück weiter und erst gegenüber dem sogenannten »Spital«, einem schönen Gebäude an der linken Straßenseite, nach rechts ab in den »Mazoner Spazierweg«. Hier nun ein Stück aufwärts zur Mazoner Fahrstraße. Dieser entlang bis zu einer Straßenkehre. Wir verlassen die Fahrstraße und wandern geradeaus in den Weingarten. Bei der kurz darauf folgenden Wegkreuzung wenden wir nach links und erreichen in wenigen Minuten die Mazoner Kirche. Hier verläuft unsere Route südwärts über einen Asphaltweg bis zu einer Linksabzweigung, die mit »Hochweg zur Ruine« beschildert ist. An einigen Gehöften vorbei führt nun der Weg ansteigend zu einer leichten Kuppe, dort wieder ein Stück talwärts. Links hinab haben wir die Möglichkeit, beim unweit gelegenen Kollerhof Rast und Einkehr zu halten. Am »Hochweg« erreichen wir den Waldrand mit einem Schlagbaum. Kurz darauf folgen wir einem Linksabzweiger, der uns zur geisterhaft wirkenden Ruine Kaldiff führt, einem Platz, der uns erneut zum Verweilen einlädt. In leichter Wanderung folgen wir von hier aus nun dem Weg Nr. 3 talwärts und erreichen wieder die Fleimstaler Straße und über diese westwärts unseren Ausgangspunkt in Neumarkt.

47 **Rundwanderung:** Neumarkt – Gschnon – Gsteig – Mazon – Neumarkt

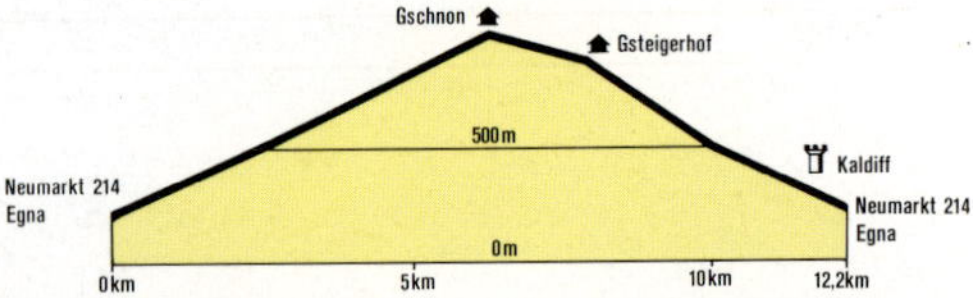

Ausgangspunkt: Neumarkt
Parken: in Neumarkt (wie bei den Touren 45, 46)
Höhenunterschied: 750 m

Wanderzeit: 4 Stunden
Schwierigkeitsgrad: leicht!
Einkehr: in Gschnon, Gsteigerhof

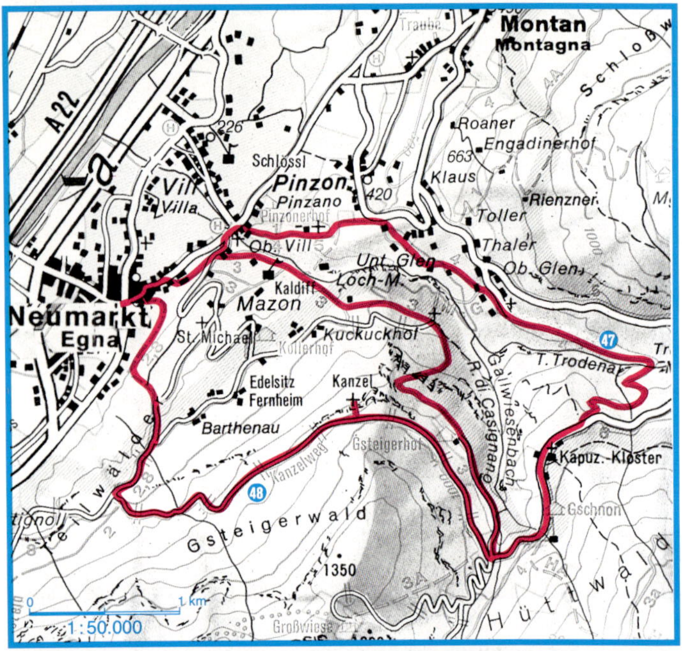

Tourenverlauf: Wiederum führt uns der Beginn der Wanderung in die Fleimstaler Straße, diesmal jedoch bis ans Ortsende hinauf zur Brücke des Trudner Baches. Nach dem Gasthof Rauscher biegen wir nach rechts in den Wanderweg Nr. 4 ab. Über einen vorerst steil ansteigenden Pfad erreichen wir ein Kreuz. Wir halten uns von hier an immer an die gut sichtbare rot-weiße Markierung (»4«). An den Häusern von Glen geht es dann mäßiger ansteigend bergwärts weiter, bis wir ein weiteres Kreuz erreichen. Hier nun rechts abzweigend Richtung Trudner Bach, den wir etwas später über eine kleine Brücke überqueren. Von hier nun steigt der Weg durch den Wald etwas an und wir erreichen den kleinen Ort Gschnon. Nach Rast und Ein-

Mazon/St. Michael gegen Montan

kehr folgen wir der Fahrstraße Richtung Südosten taleinwärts, dann nach einer Schleife wieder am Hang entlang talauswärts bis zum Gsteigerhof. Nun folgen wir gemütlich dem Steig Nr. 3 weiter talauswärts und erreichen den Abstiegsweg über die Ruine Kaldiff nach Neumarkt.

48 **Bergwanderung:** Neumarkt – Kanzel

Ausgangspunkt: Neumarkt
Parken: im Ort
Höhenunterschied: 750 m
Wanderzeit: 4 Stunden
Schwierigkeitsgrad: leicht!
Einkehr: Gsteigerhof
Karte: siehe Seite 90

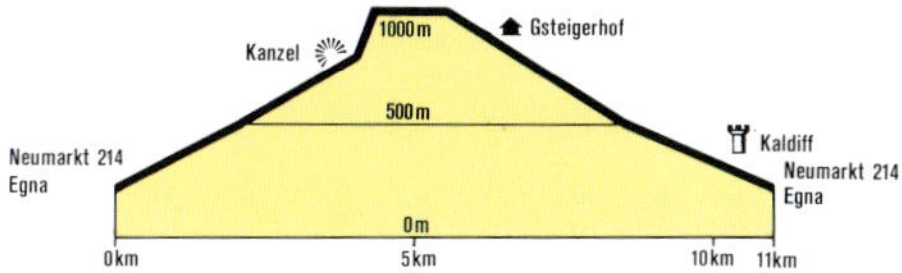

Tourenverlauf: Bei dieser Wanderung sollte der Fotofreund keinesfalls seine Kamera vergessen. Sie führt zu einem herrlichen Aussichtspunkt hoch über dem Etschtal. Wie bei den vorangegangenen Touren beginnt unsere Wanderung in der Fleimstaler Straße und wir biegen wie beim Weg nach Laag nach 100 m rechts in den Weg 2 ab. Wir folgen vorerst der Beschilderung zum »Banklsteig«, bis wir nach einer schönen Laubwaldwanderung einen scharf links abzweigenden Weg erreichen. Dieser Weg führt uns nun (beschildert »zur Kanzel«) über eine alte Fahrstraße bergwärts. Nach einer guten Stunde zweigt dann links ein kleiner Steig ab, der uns hinaus auf einen Vorsprung mit einem Kreuz führt, der »Kanzel« genannt wird und bei klarem Wetter eine wirklich großartige Aussicht bietet. Von hier wieder zurück über den Steig zur Fahrstraße und dieser weiter entlang ein Stück bergwärts. Dann weiter über eine Kuppe und talwärts bis zur Einmündung des mit »3« markierten Weges, dem wir nun bis zum Gsteigerhof folgen. Nach gemütliche Rast nun von hier talauswärts in westliche Richtung hinab nach Neumarkt wie bei Tour Nr. 47.

49 **Rundwanderung:** Altrei – San Lugano – Gampensattel – Altrei

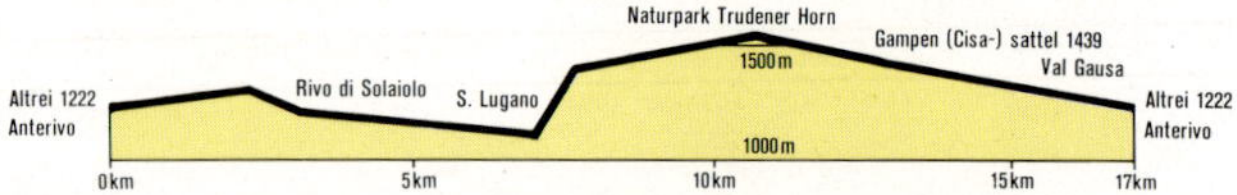

Ausgangspunkt: Altrei
Parken: Parkplatz im Dorf
Höhenunterschied: 450 m

Wanderzeit: 5 Stunden
Schwierigkeitsgrad: leicht!
Einkehr: am San-Lugano-Paß bzw. in Altrei

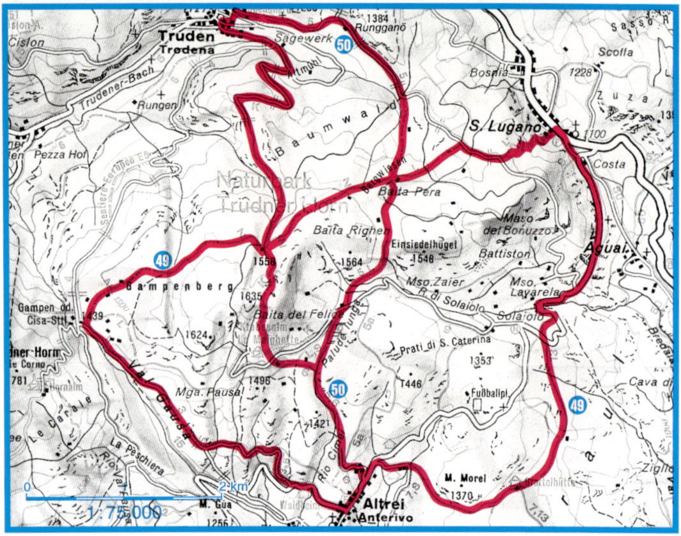

Tourenverlauf: Herrlich von Lärchenwäldern umgeben liegt das malerische Dörfchen Altrei als deutsche Sprachinsel auf einer Vorterrasse über dem Cembratal. Für jemand, der Ruhe und Idylle liebt, seien Wanderungen in diesem Bereich des Südtiroler Unterlandes empfohlen. Wir beginnen diese Wanderung, indem wir vom großen Parkplatz in der Dorfmitte von Altrei Richtung San Lugano dorfauswärts wandern. Am Dorfende biegen wir rechts in die Abzweigung der Straße (beschildert »Guggal«) ein. Von der Fahrstraße dann links ab hinauf zu einem Schranken und über eine gesperrte Forststraße der Markierung 7 folgend bergwärts. Durch den romantischen Lärchenwald geht es nun in abwechslungsreicher Wanderung immer leicht auf und ab, bis wir die Landesstraße zum San-Lugano-Paß erreichen. Nun geht es entlang dieser aussichtsreichen Verbindungsstraße bis San Lugano. Links vom Feuerwehrhaus beginnt am Waldrand der mit »L« beschilderte Wanderweg, der uns hinauf zur Pera-Schupf führt. In herrlicher Höhenwanderung geht es nun 1½ Stunden auf dem Weg »Z« nach Südwesten bis zum Gampensattel. Von hier nun wiederum Richtung Südosten über eine Forststraße gut beschildert talwärts zu einer Fahrstraße und über diese dann weiter zu unserem Ausgangspunkt in Altrei.

Bauer beim Düngen

50 **Rundwanderung:** Altrei — Truden — Altrei

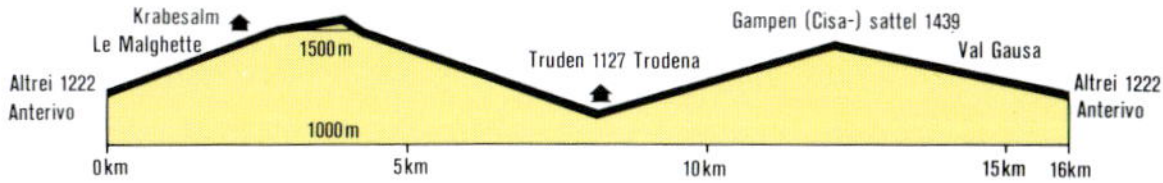

Ausgangspunkt: Altrei
Parken: Dorfplatz
Höhenunterschied: 500 m
Wanderzeit: 4 Stunden

Schwierigkeitsgrad: leicht!
Einkehr: Krabesalm (Sommerbewirtschaftung), in Truden
Karte: siehe Seite 92

Tourenverlauf: 100 m auf der Straße nach San Lugano dorfauswärts wandernd, zweigen wir bei einem Haus mit einem großen Brunnen links in ein schmales Seitengäßchen ab und folgen diesem zu den letzten Dorfhäusern aufwärts. Hier beginnt links ein Karrenweg, markiert mit 5 und 6, der zwischen Wiesen bergwärts führt. An der zeitweisen Pflasterung des Waldweges erkennt man, daß es sich bereits um einen alten Übergang zwischen den Dörfern Altrei und Truden handelt. Wir überqueren den Oberlauf des Badiler Baches und halten uns bei einer darüber befindlichen Abzweigung links und gelangen zur Krabesalm. Der Weg »K« führt zum Bergkamm, quert den Weg »Z« und senkt sich steil abwärts nach Truden. Bei einer Säge überqueren wir den Trudner Bach und über ein kurzes Stück Asphaltstraße gelangen wir ins Dorf. Im Dorf angelangt, halten wir uns beim Verkehrsbüro links aufwärts auf der Straße Richtung Kaltenbrunn. Bei der großen Linkskehre bleiben wir beim Haus »Wiesenheim« geradeaus und wandern über den Weg Nr. 5 wieder hinauf zum Kamm, der die beiden Dörfer voneinander trennt. Bei der verlassenen Pera Schupf queren wir wieder den Höhenweg von San Lugano zum Gampensattel. An einer weiteren unbewirtschafteten Hütte vorbei gelangen wir über den Weg 5 wieder zurück nach Altrei.

51 **Wanderung:** Truden – Gschnon – Gfrillner Sattel – Hornalm – Truden

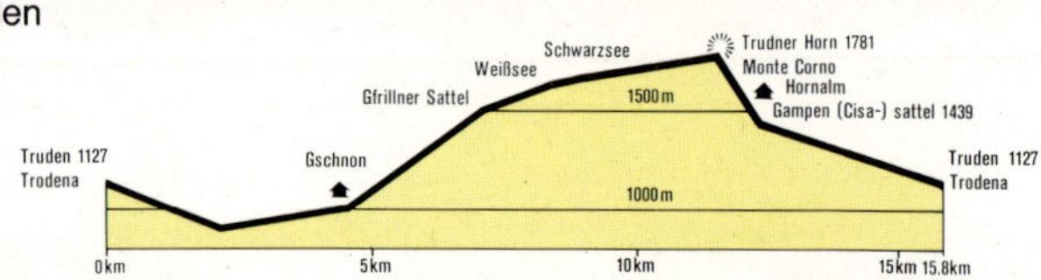

Ausgangspunkt: Truden
Parken: im Dorf
Höhenunterschied: 860 m

Wanderzeit: 5½ Stunden
Schwierigkeitsgrad: mittel!
Einkehr: in Gschnon, Hornalm

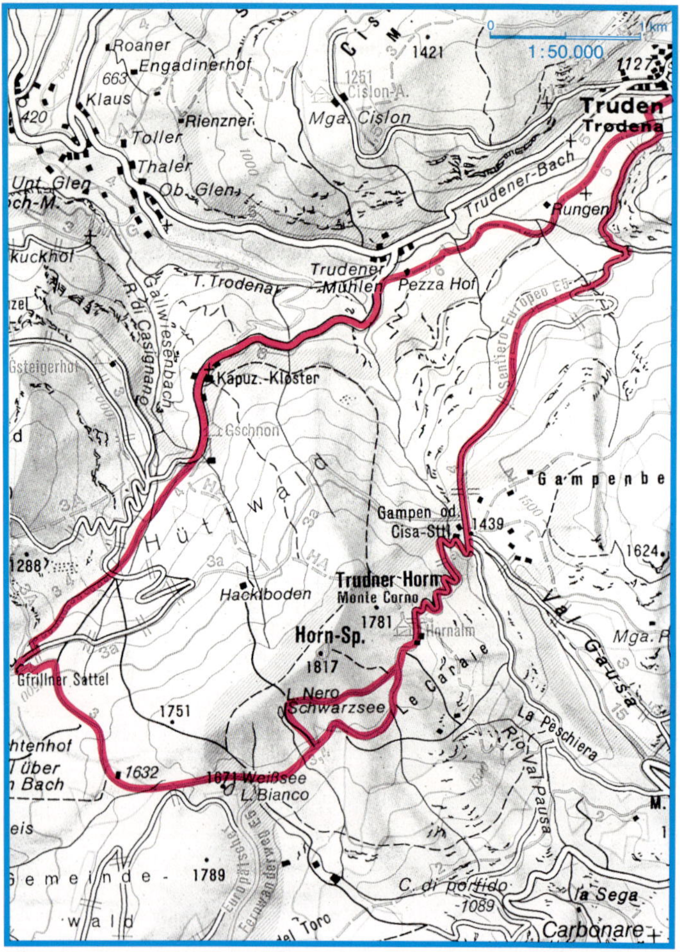

Erdbeerblüten

Tourenverlauf: Wir beginnen diese Wanderung vom Ortszentrum Truden in südliche Richtung auf dem WW 6 bzw. zuerst Nr. 4 hinab zum Sportplatz. Auf einem gemütlichen Steig überqueren wir das kleine Blättertal und gelangen nach müheloser Wanderung zur Straße nach Gschnon. Hier südlich zum kleinen Dorf hinauf. Weiter taleinwärts der Fahrstraße entlang, bis in einer Kehre links der Wanderweg Nr. 4, beschildert »Gfrillner Sattel«, abzweigt. Nun steigen wir etwas steiler durch das enge Tal hinauf, von rechts stößt etwas später der Weg Nr. 3 hinzu. Wir erreichen den Sattel, wo wir nun links abzweigend den Weg Nr. 3 benutzen. Dieser führt uns vorerst am kleinen Weißsee vorbei; kurz darauf mündet unser Weg in den Europäischen Fernwanderweg ein, dem wir nun nordwärts folgen. Sehr lohnend ist ein kurzer Abstecher (beschildert) zum Schwarzsee, der ebenso wie der Weißsee durch Vermoorung stets kleiner wird, aber trotzdem eine Sehenswürdigkeit darstellt. Wir erreichen in leichter Wanderung die Hornalm. Nach gemütlicher Rast folgen wir weiter dem Fernwanderweg, der uns nun als schöner Forstweg hinab zum Gampensattel führt. Von der Hornalm kann jedoch auch in 20 Minuten ein Abstecher zur aussichtsreichen Hornspitze gemacht werden. Vom Gampensattel folgen wir weiter dem Forstweg, der uns in abwechslungsreicher Wanderung wieder zurück nach Truden führt.

52 **Bergwanderung:** Truden – Cislonalm

Ausganspunkg: Truden
Parken: im Ort
Höhenunterschied: 280 m
Wanderzeit: 3 Stunden
Schwierigkeitsgrad: leicht!
Einkehr: Cislonalm

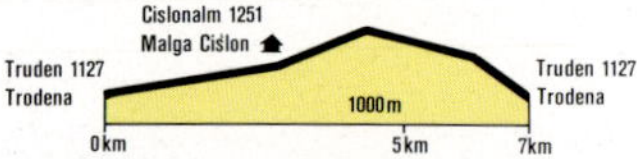

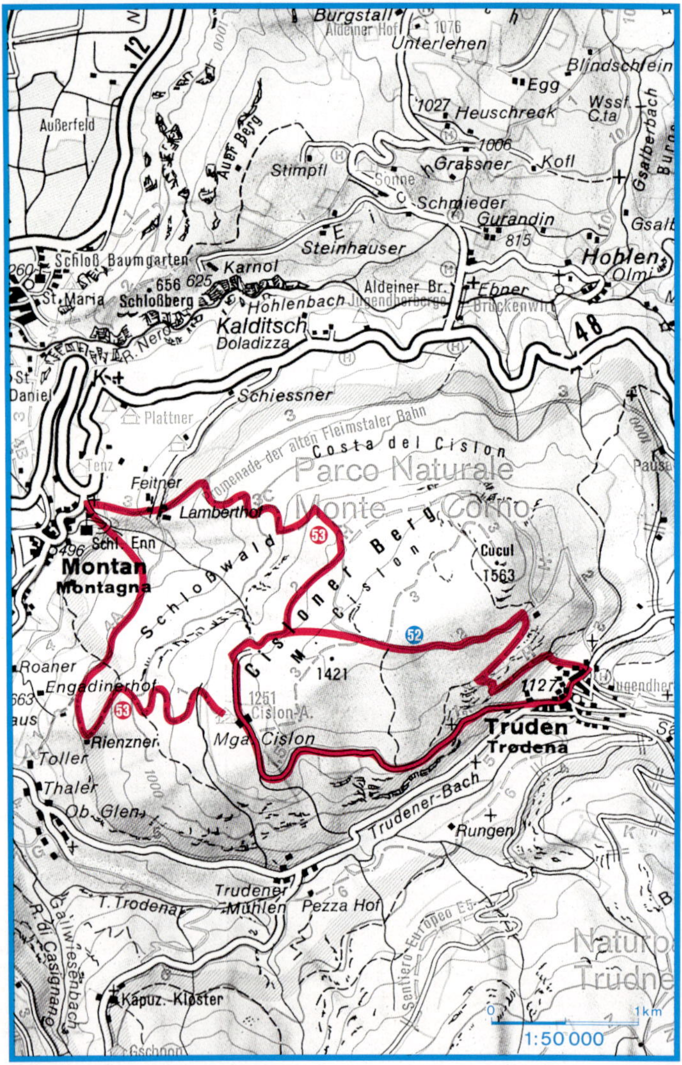

Tourenverlauf: Vom Dorfplatz mit der Kirche beginnen wir unsere Wanderung westlich durch ein Gäßchen, wo nach kurzer Zeit eine Gabelung erfolgt. Wir bleiben rechts und wandern weiter an den letzten Häusern von Truden vorbei, entlang der Fahrstraße auf die Cislonalm. Der Weg steigt nun etwas an, und bei einer Rechtskurve zweigt links ein Wanderweg ab, der nun etwas unterhalb der Straße weiter bergwärts führt. Zurückblickend bietet sich uns ein schöner Ausblick auf den Ort Truden. Mit zunehmender Höhe kommt auch das Schwarzhorn ins Blickfeld. Etwas später stoßen wir wieder zur Fahrstraße, und wir gelangen bald darauf auf das wunderschöne Hochplateau der Cislonalm. Wir genießen die Sonne bei Rast und Einkehr. Westlich der Hütte zeigen sich uns der Mendelkamm, Brentagruppe und das obere Etschtal von ihrer schönsten Seite. Nur ungern verlassen wir diesen schönen Platz und folgen weiter dem Fahrweg, der oberhalb der Hütte Richtung Norden und hinter dem Schranken weiterführt. Unter ständigem Auf und Ab führt uns der Forstweg durch Mischwald bis zum Jägerkreuz. Hier zweigen wir rechts in den Steig »H« ab, der uns über den Osthang der Cisloner Bergkuppe zurück nach Truden führt.

53 **Bergwanderung:** Montan – Cislonalm

Ausgangspunkt: Montan
Parken: Parkplatz bei der Kirche
Höhenunterschied: 750 m
Wanderzeit: 5 Stunden
Schwierigkeitsgrad: mittel!
Einkehr: Cislonalm
Karte: siehe Seite 96

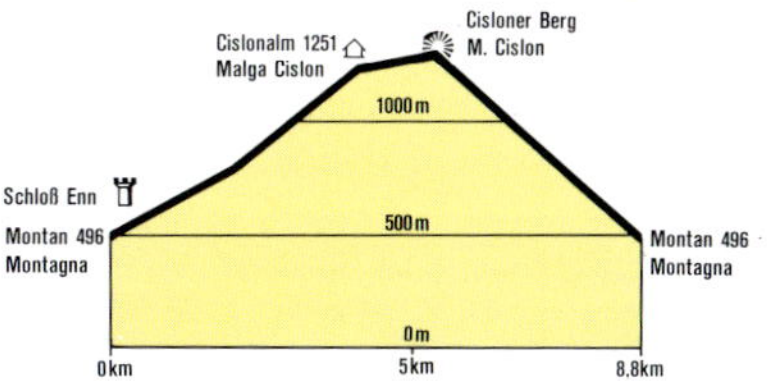

Tourenverlauf: Wir wandern durch die Dorfstraße zwischen Gasthof und Kirche ein Stück aufwärts und erblicken nach kurzer Zeit den nach rechts zeigenden Wegweiser mit der Markierung Nr. 4. Es geht hinauf durch das stille Schloßtal, vorbei am Schloß Enn (leider keine Besichtigung möglich). Weiter oben überqueren wir die alte Bahntrasse der Fleimstaler Bahn und münden in den Windischweg ein. Bald treten wir aus dem Buschwald und befinden uns nun auf einer aussichtsreichen Bergwiese, umgeben von Lärchenwäldern. Danach gelangen wir zum Rienzner Hof, wo der bisher noch ziemlich sanfte Anstieg in einen steileren Steig (zwischenzeitlich Markierung Nr. 1) übergeht, der uns jedoch stets wunderschöne Tiefblicke ins Etschtal und auf das Gebiet der Weinstraße gewährt. Nach Erreichen der Bergwiesen des Rienzner Leger führt uns ein mäßig ansteigender Weg nach insgesamt ca. 2½ Stunden Gehzeit auf die Hochfläche der Cislonalm. Nach gemütlicher Rast wandern wir in nordwestliche Richtung über die hinter der Hütte beginnende Forststraße Mariun (½ Stunde), bis eine Markierung »3 C« nach links weist. Über diesen Weg wandern wir nun talwärts und gelangen so zur Forststraße Mittereben. Weiter unten passieren wir die Kalditscher Höfe und über den einmündenden Wanderweg 3 gelangen wir in leichter Wanderung zurück nach Montan.

54 **Wanderung:** Montan – Kalditscher Höfe – Brückenwirt

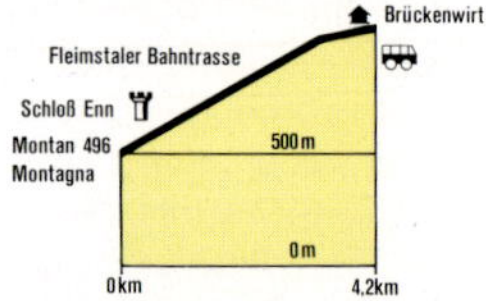

Ausgangspunkt: Montan
Parken: Parkplatz neben der Kirche
Höhenunterschied: 260 m
Wanderzeit: 2½ Stunden
Schwierigkeitsgrad: leicht!
Einkehr: Brückenwirt

Tourenverlauf: Von der Kirche wandern wir durch die Schloß-Enn-Straße aufwärts und biegen kurz vor der Einmündung in die Fleimstaler Straße nach rechts in den Wanderweg Nr. 3 ab. Dieser Waldweg führt uns durch Laubwald ein kurzes Stück in das Schloßtal hinauf; beim Zugang zum

Schloß Enn rechterhand macht der Weg jedoch eine starke Linksbiegung und führt über einen Hang hinauf zur Trasse der ehemaligen Fleimstaler Bahn. Wir bleiben jedoch stets auf Weg Nr. 3 und wandern weiter über herrliche, aussichtsreiche Wiesen und gelangen nach einigen Wegbiegungen zum Wieserhof. Hinter dem Haus führt uns unser Weg rechts weiter zum Lamberthof, dem letzten der stattlichen Höfe von Kalditsch. Wir passieren die letzten Obstgärten und wandern danach durch wunderschönen Mischwald, uns immer an die Markierung Nr. 3 haltend. Unweit unserem Ziel passieren wir noch einmal die Bahntrasse und steigen noch ein kurzes Stück zur Fleimstaler Straße ab, die wir beim Brückenwirt erreichen. Empfehlenswert ist es, dort einige Meter die Landesstraße Richtung Aldein zu spazieren, um die eindrucksvollen Tiefblicke von der imposanten Brücke in die Schwarzenbachschlucht zu genießen. Vom Brückenwirt aus kann per Bus die Rückfahrt nach Montan angetreten werden.

55 Promenadenwanderweg der alten Fleimstaler Bahn

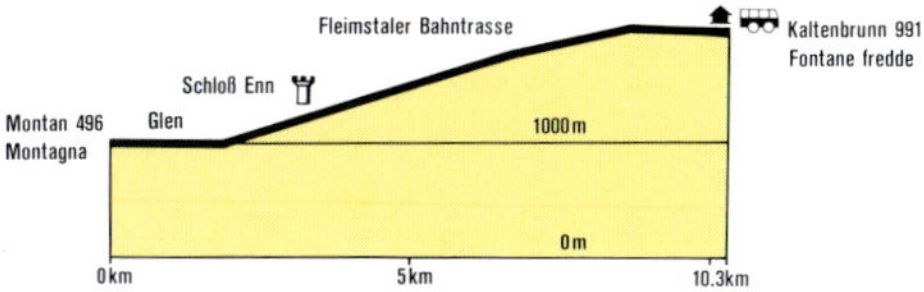

Ausgangspunkt: Montan
Parken: ehem. Bahnhofsgebäude
Höhenunterschied: 500 m
Wanderzeit: 5½ Stunden

Schwierigkeitsgrad: leicht!
Einkehr: in Kaltenbrunn
Karte: siehe Seite 98

Tourenverlauf: Einen Reiz besonderer Art vermittelt diese leichte und für jedermann gut begehbare Wanderung, die durch zahlreiche Abzweigungen zurück nach Montan beliebig verkürzt oder verlängert werden kann. In voller Länge führt diese Wanderung bis zum Ort Kaltenbrunn an der Fleimstaler Straße. Der Ausgangspunkt liegt in Montan/Unterdorf. Leicht zu finden ist das alte Bahnhofsgebäude nahe einem großen Sandparkplatz mit einer Allee entlang des kurzen Zufahrtsweges. Hinter dem Bahnhof beginnt nun der Wanderweg und führt zwischen den weinbebauten Hängen um Montan zuerst nach Glen. Kurz vor der langgezogenen Kehre überqueren wir den Glener Viadukt, der von weiten Teilen des unteren Etschtales als markantes Bauwerk sichtbar ist. Bei ständig gleichbleibender Steigung führt uns die Trasse entlang alter Hangverbauungen oberhalb von Montan vorbei. Als besondere Attraktion fehlt auch die Durchquerung des alten Eisenbahntunnels nicht. Kurz nach dem Tunnel oberhalb des Schlosses Enn benutzen wir zur Weiterwanderung bei Kalditsch den Steig Nr. 3, der uns nun ein Stück aufwärts führt und nach ca. 15 Minuten wieder in den Promenadenwanderweg einmündet. Die Trasse nähert sich immer mehr der Fleimstaler Straße. Bald passieren wir die Abzweigung zum Brückenwirt, hier wäre z. B. eine Abstiegsmöglichkeit. Für alle Weiterwanderer führt der Weiterweg durch schöne Waldstücke bis Kaltenbrunn, von wo Rückfahrmöglichkeit per Bus besteht.

56 **Wanderung:** Auf den Ruinenhügel von Castelfeder

Ausgangspunkt: Auer
Parken: Hauptplatz oder an der Fleimstaler Straße (km 1,2)
Höhenunterschied: 150 m
Wanderzeit: 2 Stunden
Schwierigkeitsgrad: leicht!
Einkehr: in Auer

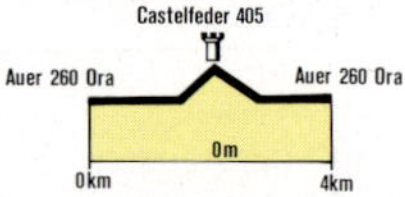

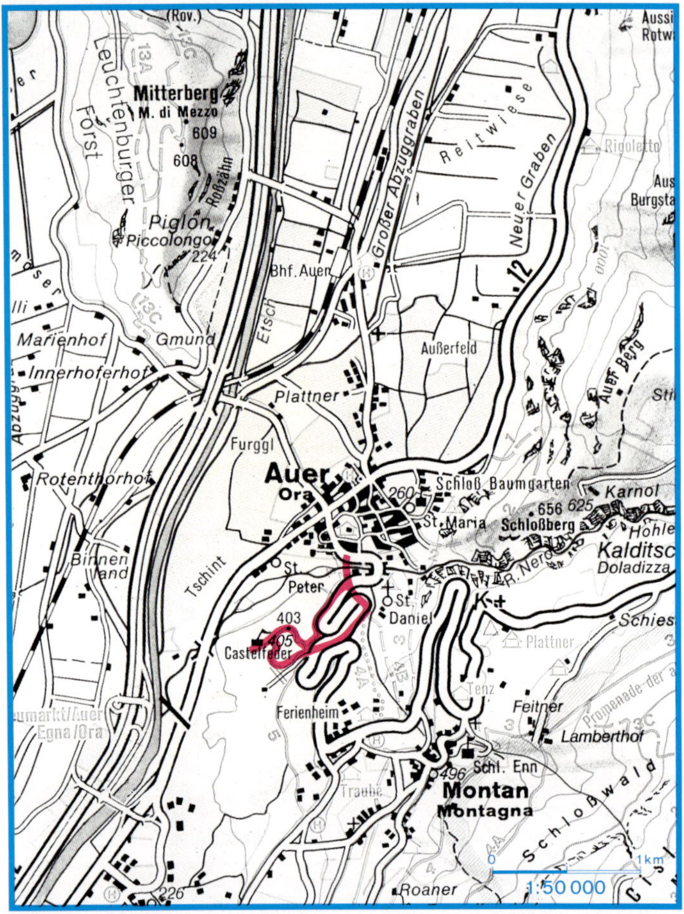

Tourenverlauf: Selbst wenn man sich nicht besonders für Archäologie begeistert, ist der Besuch des Hügels von Castelfeder ein Erlebnis besonderer Art. Dieser Ort vermittelt ein wunderschönes Rundpanorama auf Etschtal und Kalterer See sowie an die östlich gelegenen Hänge von Pinzon und Montan. Vom Hauptplatz zuerst südlich und bei der nächsten großen Kreu-

Auer gegen Mitterberg

zung links in die Fleimstaler Straße. Beim Schild »Erholungszentrum Schwarzenbach« rechts über den Bach und rechts an der Turnhalle vorbei wieder hinauf zur Straße. Nach 200 m am rechten Straßenrand ein Parkplatz; hier zweigt der Steig 5 a ab, der zu dem Ruinenhügel hinaufführt. Bereits während des Aufstieges verstehen wir, daß dieser Platz bereits in prähistorischer Zeit wegen der hervorragenden Aussicht besiedelt wurde. Nach kurzem Aufstieg erreichen wir den höchsten Punkt mit Resten einer Kapelle aus romanischer Zeit. Rundum erkennt man Mauerwerkreste aus verschiedenen Epochen. Der Hügel ist noch längst nicht zur Gänze archäologisch erschlossen. Archäologenteams konnten und können beobachtet werden, die altes Mauerwerk freilegen und in alter Technik teils wiederaufbauen. Für den Abstieg benutzen wir anfänglich den Aufstiegsweg, bis wir bei einer sehr alten Eiche zu einer Weggabelung kommen. Wir können hier als Variante den rechts abzweigenden Weg 5 B benützen, der sich gegen Osten wendet und an einem ausgebaggerten Teich, dem Schwarzsee, vorüber, durch die Senke zum Parkplatz an der Fleimser Straße führt.

57 **Rundwanderung:** Auer – Pinzon – Montan – Auer

Ausgangspunkt: Auer
Parken: Erholungszone Schwarzenbach
Höhenunterschied: 330 m
Wanderzeit: 3 Stunden
Schwierigkeitsgrad: leicht!
Einkehr: in Pinzon und Montan

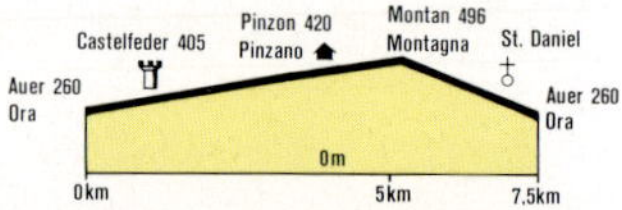

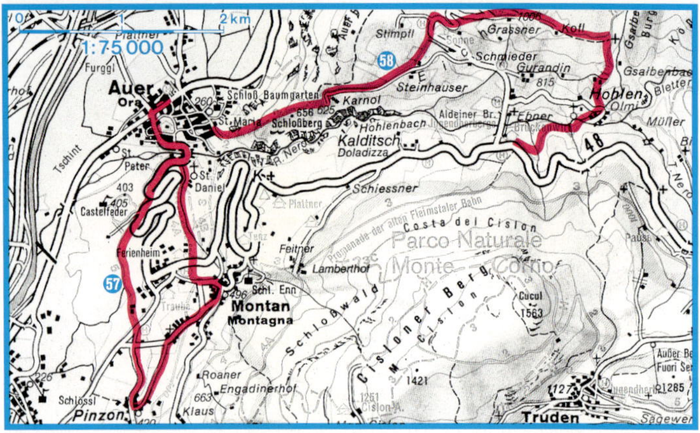

Tourenverlauf: Über die Fußgängerbrücke, rechts von der Turnhalle, wird die Fleimstaler Straße erreicht, die man bis zu km 1,2 emporgeht. Bei der ersten großen Linkskehre beginnt rechts der Steig »Nr. 5 B«, dem wir folgen. Weiter oben liegt die gut erkennbare Trasse der einstigen Fleimstaler Bahn. Hier mündet von links her eine von der Fleimstaler Straße abzweigende Asphaltstraße ein, die zum nahen Ferienheim führt. Wir gehen bis kurz vor das Ferienheim und halten uns dort links über einen Wiesensteig (der eine verwitterte blau-weiße Markierung hat), der die Straße von Neumarkt nach Montan querend, hinauf zum idyllisch gelegenen Dorf Pinzon führt. Von weitem ist dieses am spitzen Kirchturm erkennbar. Am Dorfbrunnen vorbei geht es nun hinauf zur Zufahrtsstraße nach Montan. In einer der zahlreichen Gaststätten halten wir gemütlich Einkehr und wandern dann über den Wanderweg 4, der im Unterdorf von Montan (etwas oberhalb des großen Parkplatzes nahe dem alten Bahnhof) beginnt und nordwärts nach Auer zurückführt.

58 **Rundwanderung:** Auer – Katzenleiter – Hohlen – Brückenwirt – Montan – Auer

Ausgangspunkt: Auer
Parken: Schloß Auer (nahe der Kirche)
Höhenunterschied: 760 m
Wanderzeit: 6½ Stunden
Schwierigkeitsgrad: mittel!
Einkehr: mehrere Möglichkeiten an der Strecke

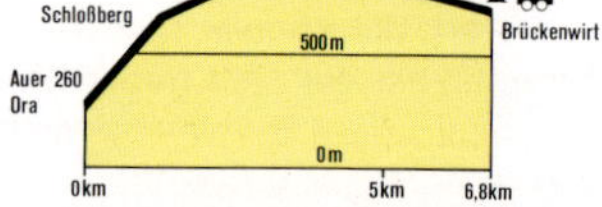

Montan mit Schloß Enn

Tourenverlauf: Vom stattlichen Ansitz des Schlosses Auer benützen wir den Wasserfallweg dorfaufwärts und gelangen nach wenigen Minuten bei den letzten Häusern (Bachschutzmauer) zum Rechtsabzweiger, der zur sogenannten »Katzenleiter« weist. Es handelt sich dabei um einen 530 Treppenstufen umfassenden Aufstieg, der am Nordrand der Schwarzenbachschlucht mit ihrem schönen Wasserfall zu einer aussichtsreichen Anhöhe führt. Gut markiert führt der Weg am Ende der Stufen durch Föhren- und später durch Mischwald zum Gehöft Karnol. Hier links vorbei und teilweise über Steig und auch Fahrweg hinauf zum Gasthof Sonne an der Aldeiner Straße. Wir legen hier nach 2 Stunden Wanderzeit die erste Rast ein und wandern dann einige Meter aufwärts zur großen Linkskehre, wo rechts wiederum der Weg Nr. 1 abzweigt. Auf diesem erreichen wir bald den Weg 10 A und den von Aldein kommenden Weg Nr. 10, dem wir talwärts bis Hohlen in der Talsohle des Schwarzenbachtales folgen. Wir überqueren den Bach und benutzen den Steig hinauf zum Gasthof Brückenwirt. Wer hier bereits müde ist, könnte den Weg mit einer Busrückfahrt nach Auer abkürzen. Wir benutzen jedoch den gegenüber des GH Brückenwirt in den Wald hinein abzweigenden Weg 3, der uns zuerst zum Promenadenwanderweg und von dort zu den Kalditscher Höfen bei Montan führt. Weiter talwärts über Weg Nr. 3 gelangen wir zum Schloß Enn und nach Montan. Dort nehmen wir den beim Friedhof beginnenden Weg Nr. 3 und gelangen über den Schwarzenbach und vorbei am Campingplatz beim Wasserfall zu unserem Ausgangspunkt.

59 **Rundwanderung:** Aldeiner Hof – Burgstallegg – Rotwand – Göller See – Bigleiderhof – Aldeiner Hof

Ausgangspunkt: Landesstraße nach Aldein
Parken: Nähe Aldeiner Hof
Höhenunterschied: 80 m
Wanderzeit: 2½ Stunden
Schwierigkeitsgrad: leicht!
Einkehr: Bigleiderhof

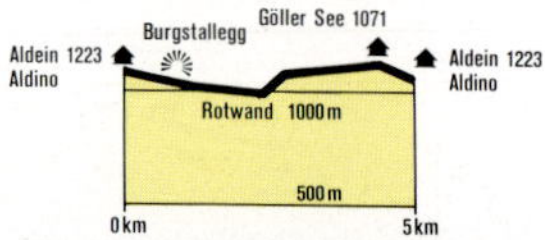

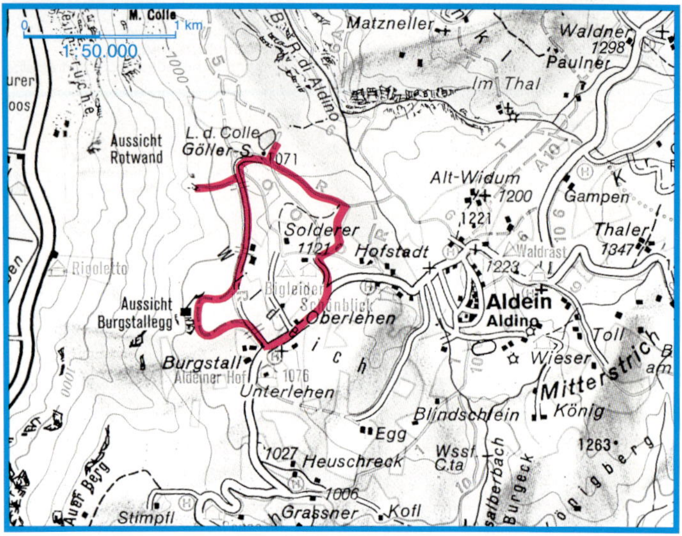

Tourenverlauf: Diese überaus empfehlenswerte und für jedermann begehbare Wanderung beginnen wir an der gegenüber der Zufahrt zum Aldeiner Hof liegenden Tafel, die uns zu »Burgstallegg – Rotwand – Göller See« weist. Schon nach 50 m zweigen wir links ab (Beschilderung Burgstallegg) und erreichen über einen stillen Waldweg jenen Felsvorsprung über dem Etschtal, der, wie deutlich sichtbare Spuren (u. a. ein hoher Steinwall) zeigen, schon in Urzeiten besiedelt war. Herrlich ist auch die Aussicht hinab ins Etschtal und auf den Mendelkamm. Nördlich des großen Steinwalles führt ein kurvenreicher Steig zurück zum ursprünglich markierten Wanderweg. Nach einer Lichtung mit ein paar Häusern führt dieser nun über Felsplatten durch Wald bergan und nach kurzer Zeit zweigen wir wiederum links zum besonders schönen Aussichtspunkt Rotwand ab. Schauerliche Tiefblicke über die z. T. überhängenden Porphyrwände und bei klarem Herbstwetter herrliche Fotomotive lohnen diesen Abstecher. Zurückgekehrt zu unserer markierten Route, wenden wir uns nördlich bei der Wegkreuzung ganz rechts. Weiter oben erblicken wir zwischen den Bäumen den ruhig gelegenen Göller See. Noch fasziniert von der Schönheit dieses Platzes, wandern wir über den Wanderweg »R« südwärts, wo wir über eine Forststraße zum Bigleiderhof gelangen. Ein kurzes Stück weiter gelangen wir auf der Landesstraße in 20 Minuten zu unserem Ausgangspunkt.

60 **Rundwanderung:** Aldein – Schmiederalm – Schönrast – Petersberg – Aldein

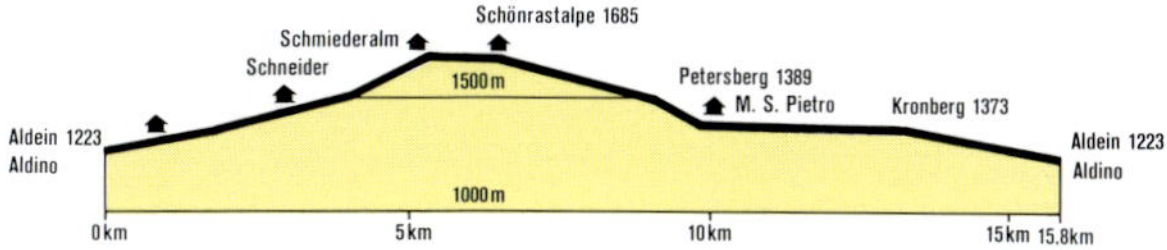

Ausgangspunkt: Aldein
Parken: Dorfplatz
Höhenunterschied: 470 m

Wanderzeit: 4½ Stunden
Schwierigkeitsgrad: leicht!
Einkehr: Schmiederalm, Schönrastalpe

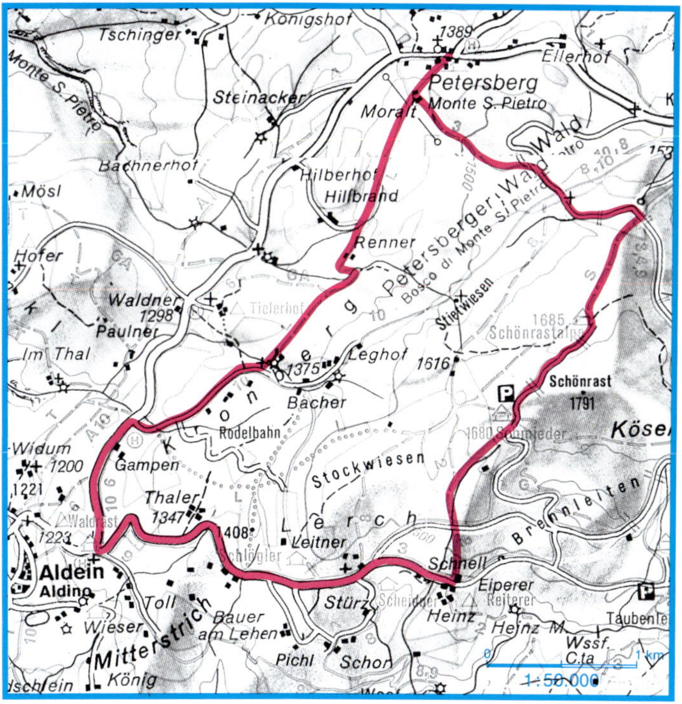

Tourenverlauf: In Aldein nehmen wir den Richtung Radein führenden Weg, Nummer 9; bei der ersten großen Wegkreuzung zweigen wir auf den nach links führenden Weg, Nummer 8, ab und kommen so nach Lerch. 40 Minuten ab Aldein. Weiter am Weg 2 bzw. S zur aussichtsreichen Jausensation Schmiederalm. Die nördlich fortführende Forststraße bringt uns zur Schönrastalpe. Schon wenig später nehmen wir die links abgehende Nr. S., bis vor einer Linkskurve der Steig nach Petersberg (Nr. 3) abgeht. Der Rückweg von Petersberg (Markierung L) tangiert den Zöbelhof in Kronberg und leitet über dessen Zufahrtsstraße (Markierung 10) zur Landesstraße und retour nach Aldein.

61 **Wanderung:** Durch die Bletterbachschlucht

Ausgangspunkt: Lerch bei Aldein
Parken: Abzweigung zur Lahneralm
Höhenunterschied: 190 m
Wanderzeit: 2 Stunden
Schwierigkeitsgrad: mittel!

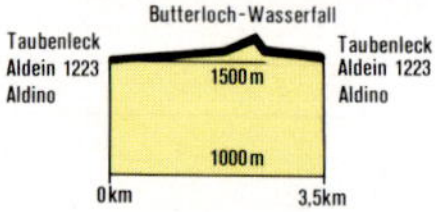

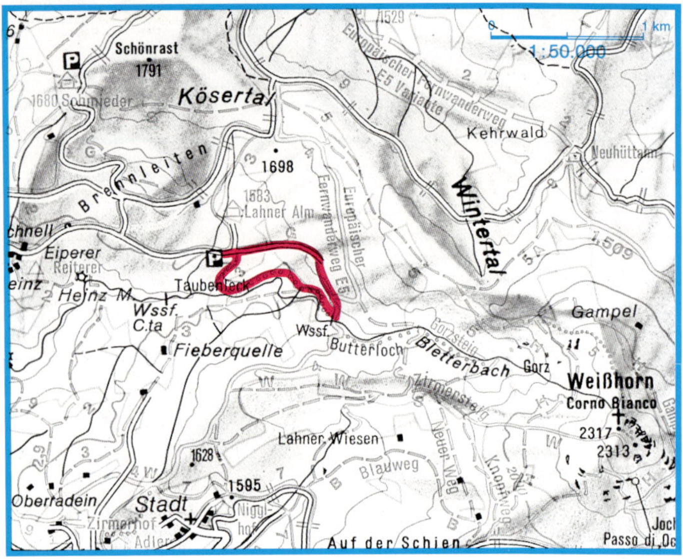

Tourenverlauf: Ein Erlebnis besonderer Art stellt diese Tour durch die wildromantische Bletterbachschlucht mit dem Wasserfall dar. Sie ist zwar kurz, doch der Aufstieg am Schluchtende über Leitern stellt doch Ansprüche, die ein Gehen mit kleineren Kindern nicht ratsam erscheinen läßt. Außerdem ist vom Begehen der Schlucht nach starken Regenfällen abzuraten. Die Tour beginnt südlich der Abzweigung zur Lahneralm auf Weg Nr. 3, der uns zuerst über einen Waldsteig, dann über steile Treppen mit Geländersicherung auf den Kamm der Schlucht führt. Von dort folgen wir am gut begehbaren Weg der Hinweistafel »Zum Wasserfall«. Dann zum sogenannten »Taubenleck« in der Talsohle der Schlucht. Nun wenden wir uns zwischen den schroff aufragenden Felsen talaufwärts und wandern weglos, mehrmals den Bach überquerend, schluchtaufwärts.
Nach einer Rechts- und einer Linksbiegung befinden wir uns am Fuß des Wasserfalls, der nach längerer Trockenheit auch zu einem herabstürzenden Rinnsal werden kann. Rechts vom Wasserfallfelsen erblicken wir bereits die Eisenleitern, mit deren Hilfe wir hinauf ins Butterloch gelangen. Oben angelangt, überqueren wir links den Bach und steigen über den Weg Nr. 4 hinauf zum »Gorzsteig«, wo wir über eine bequeme Forststraße wieder zurück zu unserem Ausgangspunkt gelangen.

62 **Bergwanderung:** Kaltenbrunn – Leitenspitze, 2.027 m – Radein

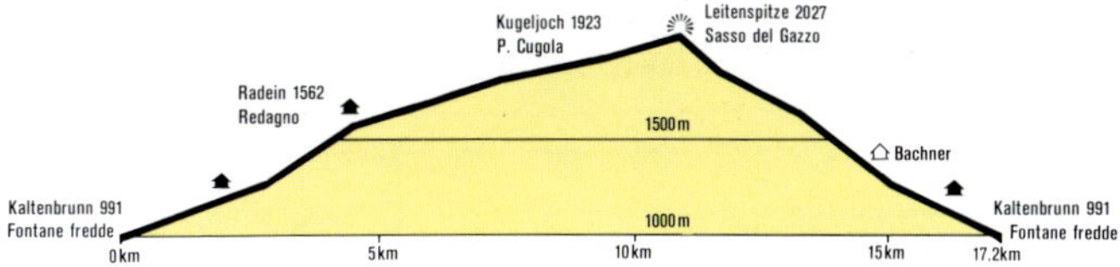

Ausgangspunkt: Kaltenbrunn
Parken: in Kaltenbrunn bzw. in Unterradein
Höhenunterschied: 1.000 m

Wanderzeit: 6 Stunden
Schwierigkeitsgrad: mittel!
Einkehr: mehrere Möglichkeiten an der Strecke

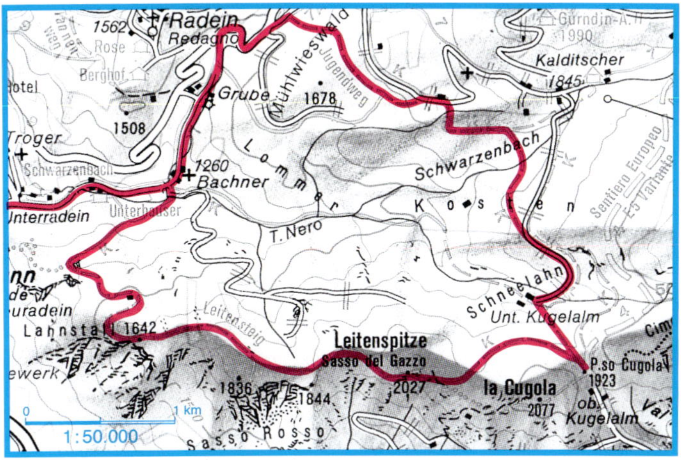

Tourenverlauf: Von Kaltenbrunn führt nordöstlich ein gut bezeichneter Steig (Nr. 7/8/9) hinein ins Schwarzenbachtal und mündet bei Unterradein wieder in die Straße ein. Möchte jemand bis hierher mit dem Auto fahren, kann die ganze Tour um ca. 1 Stunde verkürzt werden. Bei der Abzweigung in Unterradein nach rechts über die Asphaltstraße hinauf, vorbei am GH Unterhauser und zum Bachnerhof. Dort rechts ab und den Graben überquerend über den Steig »K« nun ziemlich steil ansteigend, dem »Leitensteig« entlang aufwärts. Wir erreichen nach einer guten Stunde Anstieg einen bewaldeten Grat (schöne Aussichtsplätze). Dann gelangen wir zur 1.844 m hohen Erhebung des Monte Tolargo und gelangen über weiteren Anstieg zur aussichtsreichen Leitenspitze mit herrlichem Blick ins östlich gelegene Fleimstal und den dahinter gelegenen Dolomitengipfeln. Weiter am Steig »K« steigen wir der Provinzgrenze entlang hinab zum Kugeljoch und dort links abzweigend zur Unteren Kugelalm. Hier nun ein Stück Forststraße Richtung Norden und bei einem Linksabzweiger weiter dem Weg »K« folgend. Später dann über den Mühlwieswald und den Weg »J« hinauf nach Radein. Von hier aus dann über die Zufahrtsstraße und von dieser abzweigend am Weg Nr. 7 zum Bachnerhof und Ausgangspunkt.

63 **Bergtour:** Radein – Weißhorn, 2.317 m – Jochgrimm – Schwarzhorn, 2.439 m – Radein

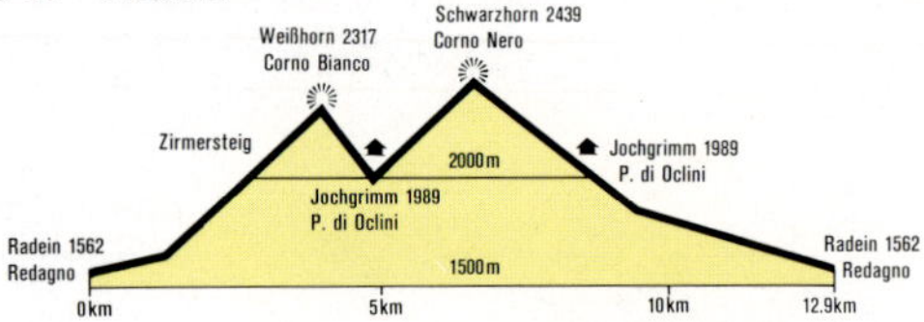

Ausgangspunkt: Radein
Parken: Zirmerhof
Höhenunterschied: 900 m

Wanderzeit: 7 Stunden
Schwierigkeitsgrad: mittel! Schwarzhorn erfordert etwas Trittsicherheit!
Einkehr: Jochgrimm bzw. Zirmerhof

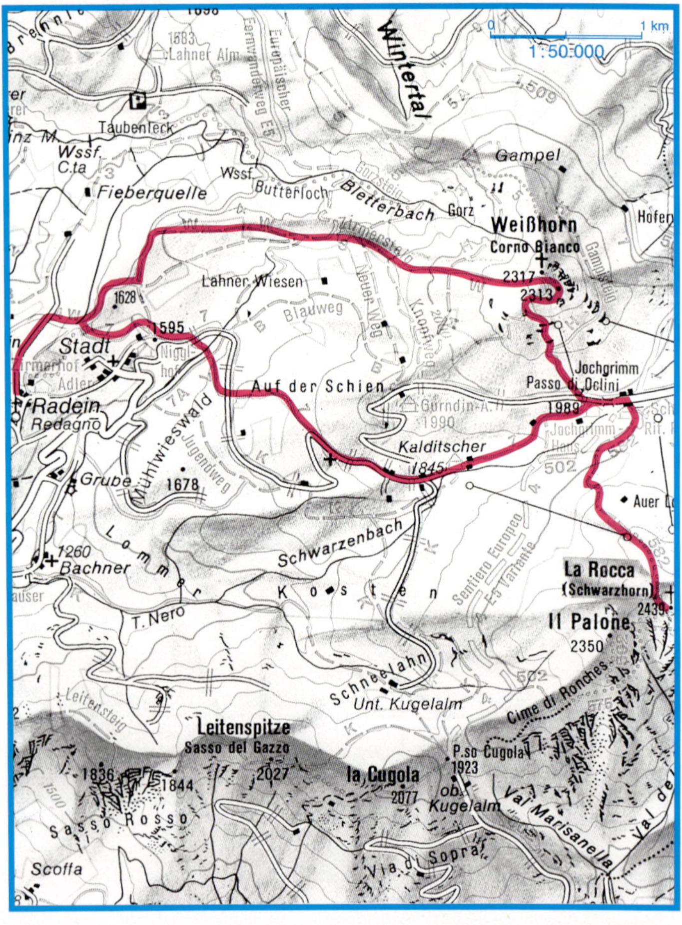

Herbstlaub mit Weißhorn

Tourenverlauf: Diese Wanderung erfordert gute Kondition. Die Wanderwege in diesem Gebiet sind vorbildlich markiert. Vom herrlich gelegenen Zirmhof (Pfosten mit vielen Wegweisern) nordöstlich am Steig »W« zu den Lahnerwiesen. Imposante Ausblicke in die Bletterbachschlucht! Wir queren eine Forststraße und gelangen am Zirmersteig mühelos zum Gipfel des Weißhorns mit seinen Felsabstürzen an der Westseite. Herrlich ist der Blick zur östlich gelegenen Latemargruppe! Wir wenden uns südwärts und steigen über den gut markierten Steig zum Jochgrimm ab. Nach Rast und Einkehr geht es zwischen dem Jochgrimmhaus und dem Hotel Schwarzhorn über sumpfige Wiesen südöstlich weiter. Am Rande eines Waldes stößt man auf einen leicht rechts führenden Steig (markiert). Zwischen Zirben und Latschen führt dieser hinauf zur Bergstation eines Skiliftes. Südlich über geröllübersäte Wiesen zur unteren Kante des Gipfelfelsens. Über ein kurzes Kletterstück erreichen wir den Gipfel mit seiner äußerst lohnenden Rundsicht. Nun über den gleichen Weg zurück zum Jochgrimm. Über den kurz vor Ende der Fahrstrecke abzweigenden Weg westlich zum unbewirtschafteten Kalditscher Wirt. Von hier folgen wir stets dem Weg Nr. 7 (Forststraße) in leichtem Abstieg talwärts nach Radein zu unserem Ausgangspunkt.

64 **Rundwanderung:** Deutschnofen – Laabberg – Petersberger Leger – Maria Weißenstein – Deutschnofen

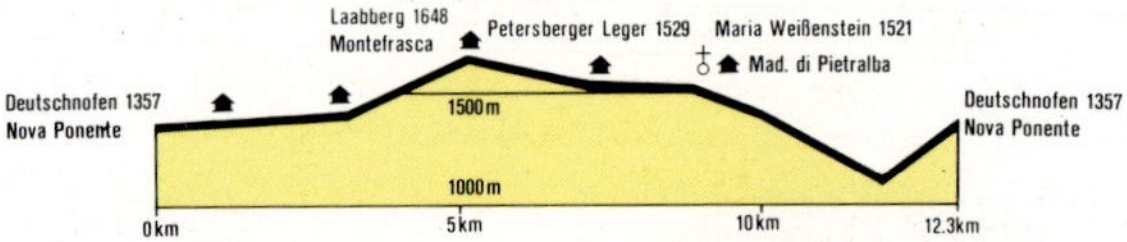

Ausgangspunkt: Deutschnofen
Parken: beim GH Stern
Höhenunterschied: 620 m

Wanderzeit: 4½ Stunden
Schwierigkeitsgrad: leicht!
Einkehr: Laabalm, Petersberger Leger, M. Weißenstein, Daum

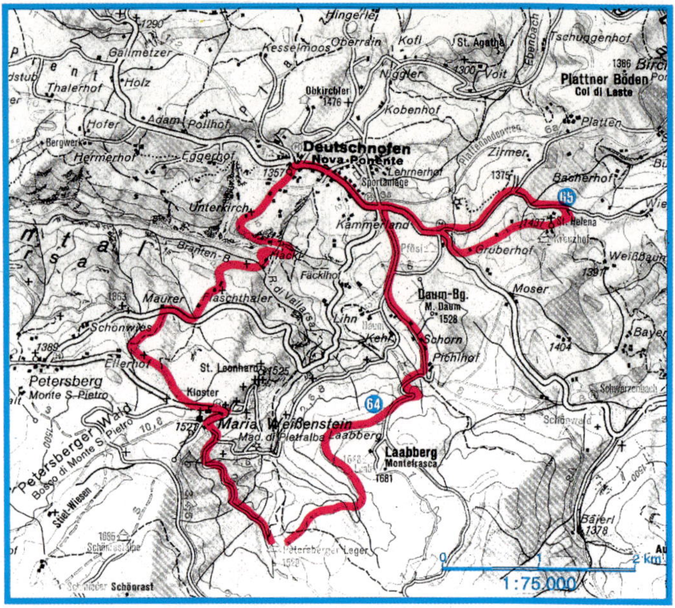

Tourenverlauf: Wir verlassen Deutschnofen nach Osten, überqueren die Landesstraße und kommen über eine Abkürzung hinauf auf die herrlich gelegene Laabalm. Nach gemütlicher Rast südwestlich weiter über eine Forststraße, dann Wanderweg zum Petersberger Leger. Hier beginnt ein Wirtschaftsweg (Markierung 2), der uns nach Maria Weißenstein, einem der bekanntesten Wallfahrtsorte Südtirols, führt. Unterhalb des Klosters (Parkplatz) beginnt am Waldrand der Steig Nr. 1, der uns durch Wald nordwestlich zur Landesstraße nach Deutschnofen führt. Talwärts entlang und bei einem weiß-rot gekennzeichneten Weg linkerhand abbiegen. Am Gegenhang jenseits des Tales leuchtet bereits der Ort Deutschnofen herüber. Wir wandern an ein paar Gehöften vorbei in das Tal und am aus dem Brantental kommenden Weg hinauf nach Deutschnofen.

Speckjause

65 **Wanderung:** Deutschnofen – St. Helena

Ausgangspunkt: Deutschnofen
Parken: Dorfplatz beim GH Stern
Höhenunterschied: 80 m
Wanderzeit: 2 Stunden
Schwierigkeitsgrad: leicht!
Einkehr: GH Pfösl, Jausenstation St. Helena
Karte: siehe Seite 110

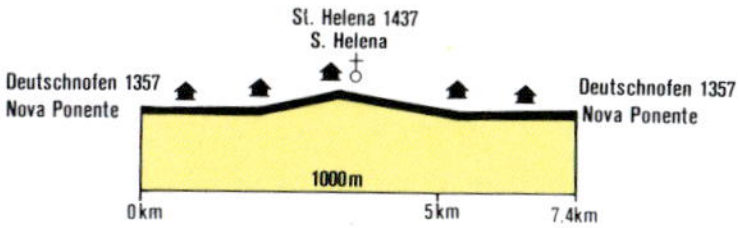

Tourenverlauf: Wie bei Tour Nr. 64 wandern wir durch Deutschnofen zum östlichen Dorfende und zur Einmündung in die Landesstraße. Hier halten wir uns links (Richtung Bozen) und wandern ein kurzes Stück die Landesstraße entlang bis zu einer Bushaltestelle. Vor dieser zweigt links eine Asphaltstraße ab, der wir folgen. Später geht sie in eine nicht asphaltierte Forststraße über. Bei einer Abzweigung (»Haus Schlernblick«) wandern wir nach rechts. Der Schotterstraße folgend in den Wald hinein und bei einem bald erreichten unscheinbaren Abzweiger rechts ein Stück aufwärts zu einer Wiese mit zwei Heuhütten. Hier wenden wir uns nach Südwesten und übersteigen ein Gatter. Hinter dem Gatter folgen wir dem Waldweg aufwärts und gelangen nach Durchqueren des Waldes auf eine Lichtung, wo wir bereits das aus dem 14. Jh. stammende romanische Kirchlein St. Helena erblicken. Wunderschön ist der Blick in die Latemar- und Schlerngruppe! Für den Rückweg benutzen wir den vom Kirchlein aus gesehenen rechten Fahrweg, der uns wieder hinab zur Landesstraße und nach Deutschnofen führt.

66 **Wanderung:** Deutschnofen – Rotenstein

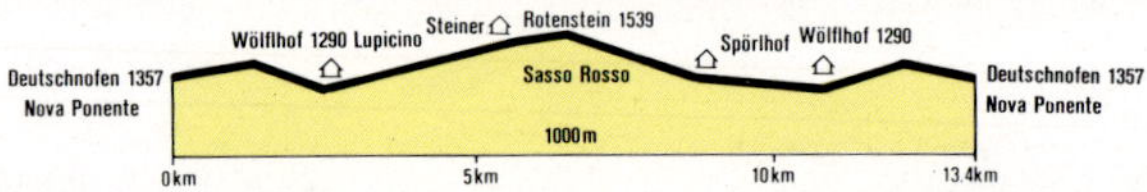

Ausgangspunkt: Deutschnofen
Parken: GH Stern
Höhenunterschied: 220 m

Wanderzeit: 4 Stunden
Schwierigkeitsgrad: leicht!
Einkehr: in Deutschnofen

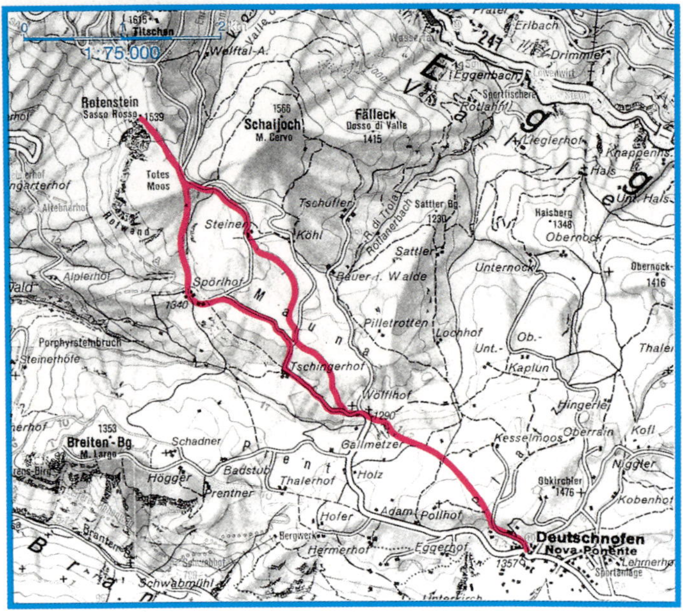

Tourenverlauf: Von der Deutschnofener Ortsmitte wenden wir uns diesmal westwärts und wandern beim »Spangler Häusl« rechts hinauf. Hier finden wir die Markierung 1,2 (Europäischer Fernwanderweg), welcher wir westlich durch Wald und über Wiesen folgen. In einer Senke bei einem kleinen Weiher gelangen wir zu einer Asphaltstraße und wenige Meter nordwärts zum Wölflhof. 100 m weiter zweigt unser Weg (nun markiert mit »1«) wieder rechts in den Wald ab. In gemütlicher Wanderung geht es nun bis zum Steinerhof. Hinter dem Gehöft führt ein Wirtschaftsweg immer leicht aufwärts bis zum Spörlboden mit einem kleinen Teich und einem Bildstock. Hier zweigen wir links in den wieder mit »1« markierten Steig ab, der uns unschwer zur Rotwand, einem herrlichen Aussichtspunkt mit großartigem Blick auf Bozen und das Etschtal, führt. Wir steigen über den gleichen Weg wieder zur Forststraße ab, dieser entlang ein Stück südwärts und dann rechts über den Weg »A« zum aussichtsreich gelegenen Spörlhof. Vorbei an Tschingerhof und Wölflhof zurück nach Deutschnofen.

67 **Wanderung:** Leifers — Brantental — Deutschnofen — Wölflhof — Leifers

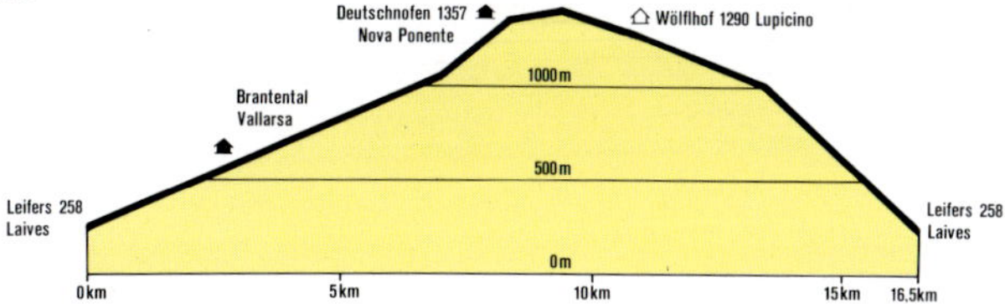

Ausgangspunkt: Leifers
Parken: Straße Eingang Brantental
Höhenunterschied: 1.100 m

Wanderzeit: 6 Stunden
Schwierigkeitsgrad: leicht!
Einkehr: in Deutschnofen

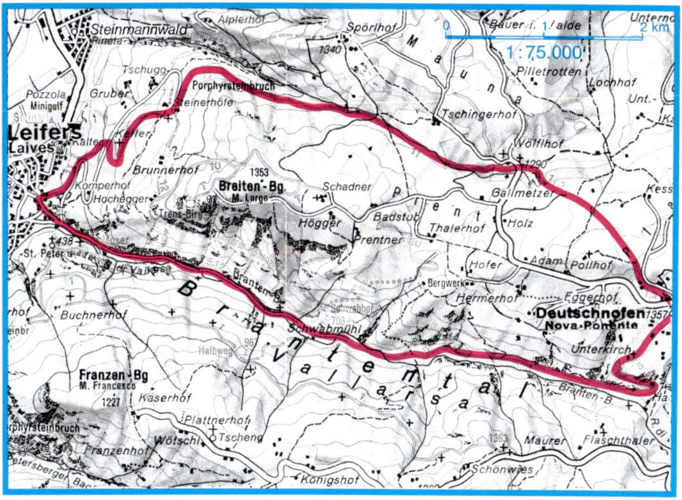

Tourenverlauf: Dies ist eine Wanderung, die uns vom belebten Etschtal in die ruhigen Hochregionen um Deutschnofen führt. Wir wenden uns von Leifers östlich dem tief eingeschnittenen Brantental zu. Imposant wirken die rötlich schimmernden Porphyrwände vor allem an der Nordseite des Tales, während wir über eine bequeme Asphaltstraße am Bach entlang taleinwärts wandern. Nach ca. 1 Stunde gelangen wir zur Jausenstation Thaler, von wo ein steiniger Weg talaufwärts führt. Im hinteren Talbereich gelangen wir beim Hacklhof zur Linksabzweigung, die uns an einem Steinbruch vorbei nach Deutschnofen führt. Wie bei Tour Nr. 66 wenden wir uns nun westlich und wandern vorbei am »Spangler-Häusl« über den Waldweg 1,2 zum Wölflhof. Wenige Meter nach Erreichen der dortigen Asphaltstraße zweigen wir gleich wieder links in die Forststraße (Markierung 11) ab, die uns in angenehmer Wanderung hinaus nach Breitenberg führt. Um den Breitenberg herum gelangen wir zu den Steiner Höfen. Von hier über den weiter südwestlich führenden Steig, mehrmals die Auffahrtsstraße querend, wieder hinunter ins Etschtal und nach Leifers.

68 **Höhenwanderung:** Leiferer Höhenweg

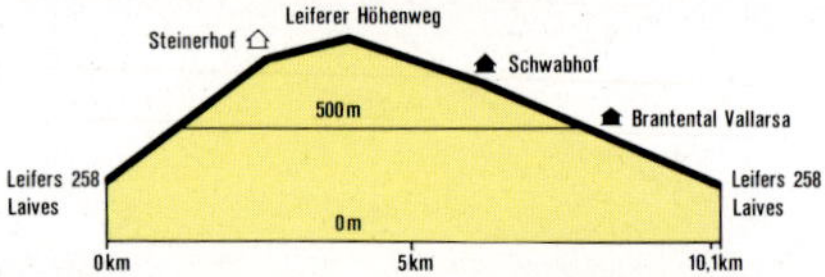

Ausgangspunkt: Leifers
Parken: Eingang Brantental
Höhenunterschied: 650 m

Wanderzeit: 5 Stunden
Schwierigkeitsgrad: leicht!
Einkehr: mehrere Möglichkeiten an der Strecke

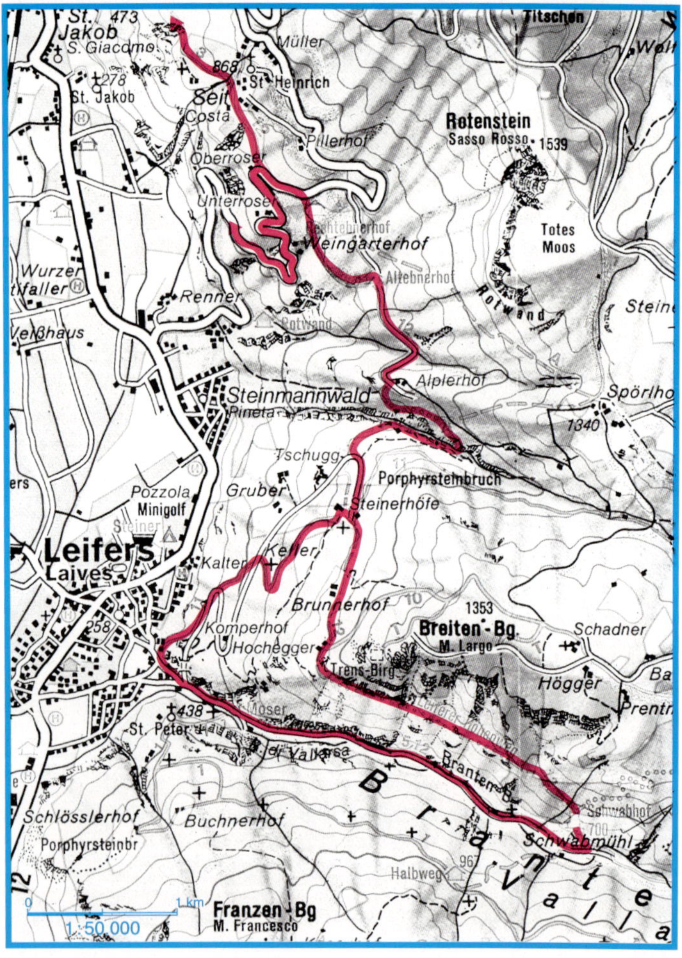

»Leiferer Höhenweg« mit Leifers u. Mittelberg

Tourenverlauf: Wie bei der Tour Nr. 67 hinein ins Brantental und auf der Asphaltstraße hinauf bis zur Jausenstation Thaler. Dort über die Brücke und hinauf zum Schwabhof. Hier beginnt nun ein äußerst interessanter Höhenweg, der über die Porphyrwände hoch über das untere Ende des Brantentales führt. Gut gesichert führt ein Steig (im Hochsommer sehr heiß!) zu einem herrlichen Aussichtsplatz, der mit Geländersicherungen eingesäumt ist. Auf diesem Weg gelangen wir am Hochegger- und Brunnerhof zum Steinerhof mit einer Kapelle. Wer bereits müde ist, kann hier die Tour über den Weg 11 nach Leifers abkürzen. Der Höhenweg führt jedoch nördlich weiter in den Tschuggengraben und dann wieder hinauf zu einer Forststraße, in die wir unterhalb des Alplerhofes einmünden. Auf der Forststraße erreichen wir mit Altebner- und Rechtebnerhof zwei Einkehrmöglichkeiten. Vom Rechtebnerhof wandern wir nun der Seiter Fahrstraße entlang talwärts nach Steinmannwald.
Wer jedoch noch ein Stück Höhenweg genießen möchte, kann diesen ab dem Rechtebnerhof wie folgt verlängern: Vom Oberroser (Straßenkehre) zweigt der Weg 12,3 nach Seit ab (St. Heinrichskirche). Gut 500 m über der Etschtalsohle steigt man über die Haselburg nach Bozen ab (zeitl. Mehraufwand 1½ Std.). Sowohl von Bozen als auch von Steinmannwald besteht eine gute Busverbindung zurück nach Leifers.

69 **Wanderung:** Branzoll – Aldein (Busweiterfahrt) – Deutschnofen – Leifers

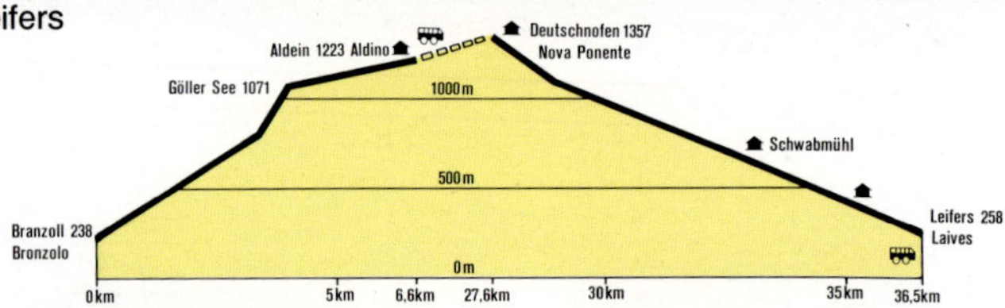

Ausgangspunkt: Branzoll
Parken: Taleingang Aldeiner Graben
Höhenunterschied: 1.050 m,
Wanderzeit: Aufstieg 3 Stunden, Abstieg 2½ Stunden
Schwierigkeitsgrad: leicht!
Einkehr: in Aldein, Deutschnofen und im Brantental

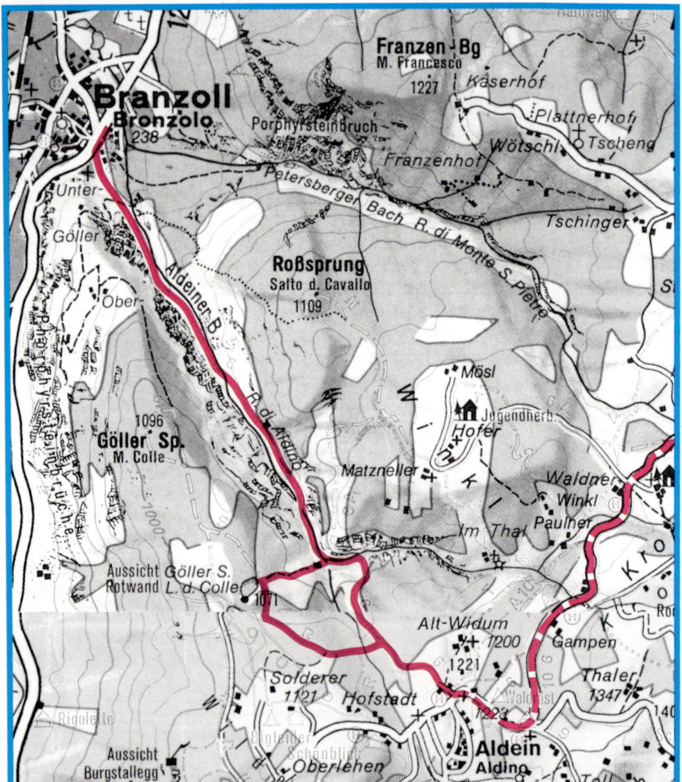

Tourenverlauf: Diese Wanderung ist nur ein Vorschlag, wie man Touren vom Etschtal ins östlich gelegene Hochplateau des Regglberges mit Busfahrten zu erlebnisreichen Tagesausflügen kombinieren kann. Wir parken unser Auto am besten in der Nähe des Tenniszentrums in Branzoll, welches

am Zufahrtsweg Richtung Aldeiner Graben liegt. Über den nun bald für KFZ gesperrten Weg wandern wir ein Stück aufwärts und zweigen links in den Steig ab, der uns zum Göller See und nach Aldein weist. Durch das tief eingeschnittene Tal führt nun ein ruhiger Wanderweg bis zu einer verfallenen Mühle. Wir halten uns an die Markierung Nr. 6 und folgen nun dem weiter aufwärts führenden Weg, der uns über steile Abschnitte hinauf zum Hochplateau und einer Abzweigung führt. Wer den Göller See noch nicht besucht hat, sollte unbedingt den Umweg (rechts abzweigend Markierung R) zu diesem idyllisch gelegenen See riskieren. Entlang der Markierung R führt dieser Weg dann nach Aldein. Der direkte Weg Nr. 6 erreicht von der Abzweigung weg mühelos Aldein. Nach gemütlicher Rast und vorheriger Erkundung nach den Busfahrzeiten setzen wir unsere Route per Bus bis Deutschnofen fort. Kurz vor der Kirche beginnt dort links ein Steig, der uns zum kurvenreichen Zubringerweg ins Brantental führt. Hier nun immer in westlicher Richtung hinaus bis Leifers und von dort wiederum per Bus zurück nach Branzoll.

70 **Rundwanderung:** Pfatten – Montiggler Seen – Pfatten

Ausgangspunkt: Pfatten
Parken: Mairhof
Höhenunterschied: 340 m
Wanderzeit: 2 Stunden
Schwierigkeitsgrad: leicht!
Einkehr: Restaurants an den Seen

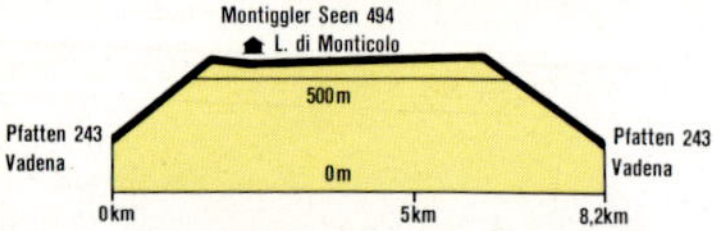

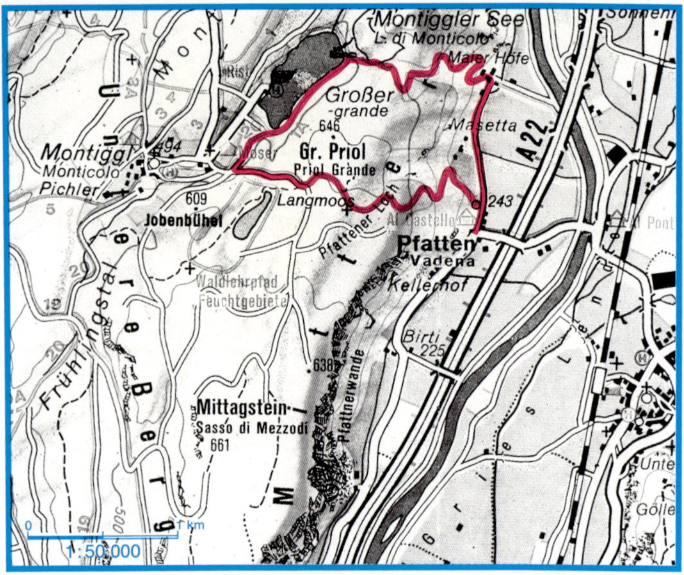

Tourenverlauf: Eine interessante Tour, die einen Verbindungsweg zwischen dem Etschtal und dem Überetsch darstellt. Ausgangspunkt ist die romantisch an den Fuß des Mitterberges »geheftete« Ortschaft Pfatten. 1 km nördlich, beim Maier Hof, beginnt ein Steig, der gut markiert durch Buschwald zum Teil im Zickzack auf den Kamm des Montiggler Waldes führt. Nun in angenehmer Wanderung westwärts, bis wir zu einer Forststraße gelangen. Auf dieser gelangen wir bald zum Ostufer des großen Montiggler Sees. Hier haben wir nun zahlreiche Möglichkeiten, den Weg fortzusetzen. Wenige Minuten westwärts beginnt rechts ein kurzer Abstecher zum kleinen See; wir können auch eine Rundwanderung (siehe Tour Nr. 13) um beide Seen hinzufügen. Über den Westuferweg und teilweise Asphaltstraße beim großen See gelangen wir zu den Restaurants und dem Strandbad. Vorbei am sogenannten »Schlössl« (rotes Gebäude) am Südufer gelangen wir zum Weg Nr. 20, der uns kurz nach Süden zu einer Forststraße führt. Hier nun weiter nach Osten in den Montiggler Wald und über einige Kurven hinauf zum Kamm. Von hier nun über den markierten Steig wiederum durch Laubwald und Gebüsch hinab nach Pfatten. Von dort in 15 Minuten nordwärts zum Maier Hof.

Radwanderweg Weinstraße

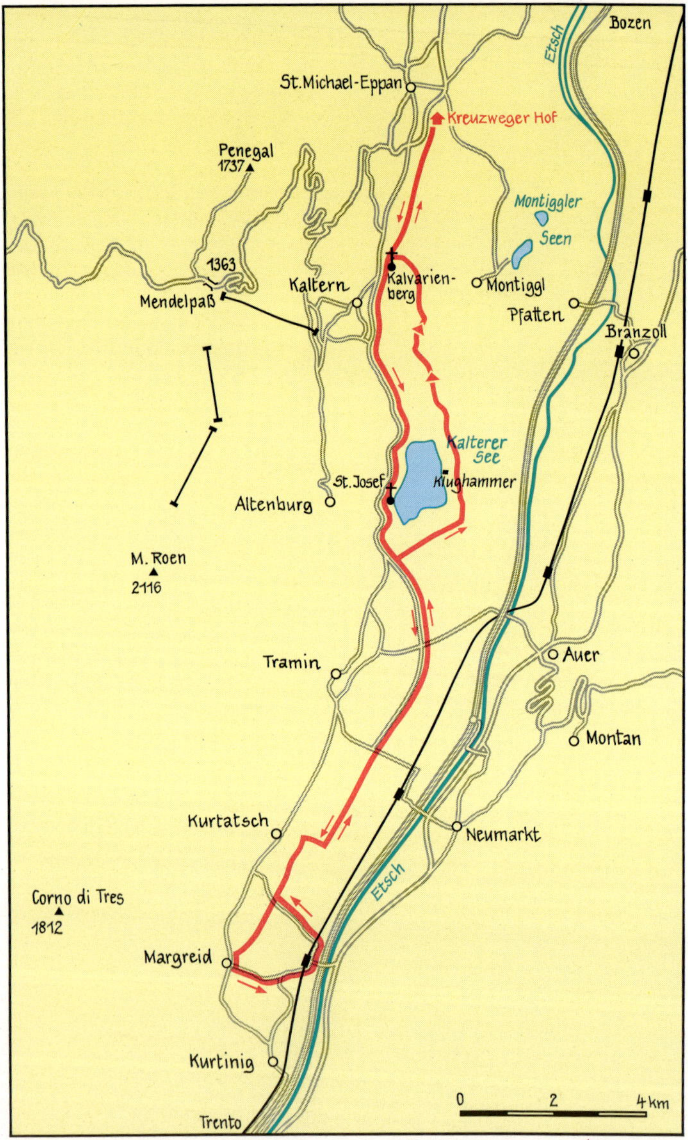

Radwanderweg Weinstraße   Fahrtrichtung   Steigung

Ein so weitläufiges und mit guten Straßen ausgestattetes Gebiet, wie jenes der Südtiroler Weinstraße, hat nicht nur für den Wanderer, sondern auch für den Radtouristen Attraktionen zu bieten. Zwischen den Gemeinden Kaltern und Margreid findet der Radwanderer auf z. T. für den KFZ-Verkehr gesperrten Straßen ein Gelände vor, das sein Herz höher schlagen läßt. Nur wenig Steigungen, dafür sehr oft langgezogenes sanftes Gefälle bietet die ca. 25 km lange Radwandertour (Markierung R), die im folgenden kurz beschrieben wird:

Ausgangspunkt ist am besten der Gasthof Kreuzweger Hof an der Weinstraße südlich von St. Michael-Eppan. Nur wenige Meter südlich zweigt linkerhand die leicht erkennbare alte Trasse der Überetscher Bahn ab; heute zu einem asphaltierten, flachen Spazier- und Radweg umgebaut. (An schönen Tagen wird dieser Spaziergang von vielen Ausflüglern und Familien mit Kinderwägen benützt, sodaß ein Ausweichen des Radfahrers auf die Weinstraße bis zum Kalvarienberg vor Kaltern anzuraten ist.) Angenehm zieht der Radweg an Weingärten vorbei nach Süden, wo er nahe den großen Kellereien in Kaltern wieder in die Weinstraße einmündet. Auf dieser nun weiter nach Süden und in langgezogenem Gefälle hinunter zum Kalterer See nach St. Josef. Nun weiter Richtung Tramin, jedoch bei der Abzweigung Neumarkt — Auer (Autobahn) nach links. Nun nach kurzem Gefälle durch Obstgärten. Bei der Kreuzung der von Tramin kommenden Querstraße gerade weiter (Achtung! Vorrang beachten!). Über z. T. schnurgerade Straßen mit einer weiteren Querung einer Vorrangstraße unterhalb von Tramin und Kurtatsch vorbei nach Margreid. Bei der Ampelkreuzung an der Weinstraße nun nach Osten leicht abwärts zum Bahnhof Kurtatsch-Margreid. An der Ostseite des Bahnhofes und der Bahntrasse Richtung Norden wieder zu einem Bahnübergang und westlich zurück über den kleinen und großen Kalterer Graben und kurz darauf nach rechts abzweigend wieder in unseren Hinfahrtsweg. Über diesen nun zurück bis kurz vor der Einmündung in die Weinstraße. Hier nun rechts über einen gesperrten Fahrweg zum Ostufer des Kalterer Sees. Über die Ostuferstraße hinauf nach Klughammer und bei der Linkskurve nördlich des Sees geradeaus weiter in den landwirtschaftlichen Weg, der nun (ein kurzes Stück über Schotterstraße) der Markierung 20 entlang nordwärts führt. Bei der nach rechts weisenden Abzweigung »Frühlingstal« bleiben wir links und erreichen bald wieder einen besseren Fahrweg, dem wir nordwärts (Markierung 19) bis zum Kalvarienberg und den Kellereien bei Kaltern folgen. Von dort über die alte Bahntrasse zurück zu unserem Ausgangspunkt nach Kreuzweg.

Alpengasthöfe und Unterkunftshütten

Alle Angaben ohne Gewähr! Bitte fragen Sie vor Beginn der Wanderung im Talort nach der Bewirtschaftungszeit und erkundigen Sie sich, ob eine Übernachtungsmöglichkeit besteht!

Die Kooradinaten beziehen sich auf die entsprechenden Felder der KOMPASS-Wanderkarte 74 Tramin/Termeno – Cavalese.

Die Telefonnummern der wichtigsten Alpengasthöfe und Unterkunftshütten finden Sie auf Seite 127.

Adler Gasthof, 1.562 m (F1), privat, Post: I-39040 Aldein, ganzjährig geöffnet. Zugänge, Übergänge, Gipfel: siehe Tourenvorschläge 62 und 63.

Auer Leger, 1.872 m (G1), privat, Sommerwirtschaft, Post: I-38033 Cavalese. Zugang: vom Lavazè Joch, ¾ Std. Gipfel: Weißhorn, 2 Std.

Berghof Gasthof, 1.562 m (F1), privat, Post: I-39040 Aldein, ganzjährig geöffnet. Zugänge, Übergänge, Gipfel: siehe Tourenvorschläge 62 und 63.

Brand Gasthof, 1.090 m (C2), privat, Post: I-39040 Margreid-Unterfennberg, ganzjährig geöffnet. Zugang: von Unterfennberg, ¼ Std.; von Margreid, 3 Std.

Cislonalm, 1.300 m (D1), privat, Post: I-39040 Auer, Sommerwirtschaft. Zugänge: von Auer, 3½ Std.; von Glen, 2 Std. Übergang nach Truden-Kaltenbrunn, 1¾ Std. Gipfel: Cocul, 1.563 m, 1 Std.

Chiusa Gasthof, 1.450 m (G1), privat, Post: I-38033 Cavalese, ganzjährig geöffnet. Zugang: von Cavalese, 1½ Std. (Fahrstraße); von Tésero, 2 Std. (Fahrstraße). Gipfel: Mte. Cucal, 1.704 m, ¾ Std.

Genzianella Rif., 1.000 m (C3), privat, Post: I-38030 Faver, Sommerwirtschaft. Zugang: von Faver, 1 Std. Übergang: Lago Santo und zur Rif. Maderlina, 988 m, 2 Std.

Gschnon Gasthof, 1.000 m (D1), privat, Post: I-39040 Neumarkt, ganzjährig geöffnet. Zugang: von Glen, 1¼ Std. Übergang nach Gfrill, 1½ Std. Gipfel: Königswiese, 1.622 m, 2 Std.

Gurndinalm, 1.990 m (F1), privat, Post: I-39040 Radein, Sommerwirtschaft. Zugänge: vom Jochgrimm, ¼ Std. (Karrenweg). Übergänge: nach Radein über den Blauweg, ¾ Std.; über den Neuen Weg, 1 Std.; über den Knopfweg, 1 Std. Gipfel: Weißhorn, 2.317 m, 1 Std.

Hornalm, 1.700 m (E1 2), privat, Post: I-39040 Truden, Sommerwirtschaft. Zugänge: von Truden, 2 Std.; von Capriana, 3 Std. Gipfel: Hornspitze, ½ Std.

Jochgrimm Gasthof (Kugele Wast), 1.989 m (F1), am Jochgrimm, privat, Post: I-38033 Cavalese, ganzjährig geöffnet. Zugänge: von Kaltenbrunn, 3 Std.; von Radein über den Blauweg, 1½ Std.; vom Lavazé Joch, 1 Std. (Karrenweg); vom Petersberger Leger, 2¼ Std. Übergänge: über die Neuhüttenalm nach Maria Weißenstein, 3 Std.; über die Kugel Alm nach Cavalese, 4 Std. Gipfel: Weißhorn, 2.317 m, 1 Std.; Schwarzhorn, 2.439 m, 1½ Std.

Kalditscher-Wirt Gasthof, 1.845 m (F1), privat, Post: I-39040 Radein, ganzjährig geöffnet. Zugänge: von Radein, 1 Std.; vom Jochgrimm, ¼ Std. Übergang: über die Kugelalm nach Cavalese, 3 Std. Gipfel: Weißhorn, 2.317 m, 1¼ Std.; Schwarzhorn, 2.439 m, 1½ Std.; Kugeljoch, 2.077 m, ½

Krabesalm (Le Malghette), 1.500 m (E1), privat, Sommerwirtschaft, Post: I-39040 Altrei. Zugänge: von Altrei, ¾ Std.; von S. Lugano, 2 Std.; von Truden (Karrenweg), 1½ Std. Übergang: Hornalm, 1.700 m, ¾ Std.

Laabberg Unterkunftshaus, 1.648 m (F1), privat, Post: I-39050 Deutschnofen, ganzjährig bewirtschaftet. Zugang: von Deutschnofen, 1½ Std. Gipfel: Laabberg, 1.681 m, ½ Std.

Lavazehotel, 1.807 m (G1), privat, Post: I-38033 Cavalese, ganzjährig geöffnet. Zugänge: von Rauth, 1½ Std. (Fahrstraße); von Cavalese, 2½ Std. (Fahrstraße); vom Jochgrimm Paß, 1 Std. (Fahrweg). Gipfel: Zanggen Berg, 2.488 m, 1½ Std. (Skilifte); Weißhorn, 2.317 m, 2 Std.; Schwarzhorn, 2.439 m, 2½ Std.

Maderlina Rif., 988 m (C3), SAT, Post: I-38034 Cembra, Sommerwirtschaft. Zugang: von Cembra, 1 Std.

Ortner Gasthof, 1.599 m (G1), privat, Post: St. Florian-Obereggen, ganzjährig geöffnet. Zugang: von Rauth, ¾ Std. (Fahrstraße). Gipfel: Reiter Joch, 1.991 m, 2 Std. (Karrenweg).

Petersberger Leger Unterkunftshaus, 1.529 m (F1), privat, Post: I-39040 Petersberg, bewirtschaftet im Sommer. Zugang: von Petersberg, 1¼ Std. Übergänge: zum Jochgrimm Haus, 2¼ Std.; zum Lavazèhotel, 2½ Std.; nach Maria Weißenstein, ½ Std. Gipfel: Weißhorn, 2.317 m, 2½ Std.

Rose Gasthof, 1.562 m (F1), privat, Post: I-39040 Radein, ganzjährig geöffnet.

Schlögler Gasthof, 1.400 m (E1), privat, Post: I-39040 Aldein, ganzjährig geöffnet. Zugang: von Aldein, ¾ Std.

Schmieder Unterkunftshaus, 1.100 m (F1), privat, Post: I-39040 Auer, bewirtschaftet im Sommer. Zugänge: von Aldein, 1½ Std.; von Maria Weißenstein, 1 Std. Übergang: zum Schönraster Leger, ½ Std. Gipfel: Schönrast, 1.791 m, ¼ Std.

Schönrastalpe, 1.685 m (F1), privat, Post: I-39040 Petersberg, bewirtschaftet im Sommer. Zugänge: von Petersberg, 1 Std.; von Deutschnofen, 2½ Std.; von Maria Weißenstein, ½ Std.; von Aldein, 1¾ Std. Übergang: zum Zirmerhof, 1½ Std. Gipfel: Schönrast, 1.791 m, ¼ Std.

Schwarzhorn, Hotel am Jochgrimm, 1.989 m (F1), privat, Post: I-38033 Cavalese, ganzjährig geöffnet. Zugänge, Übergänge, Gipfel: vergl. Jochgrimm Gasthof.

Sores, Rif., 1.299 m (B1), privat, Sommerwirtschaft, Post: I-38010 Vervo. Zugänge: von Vervo, 1¼ Std.; von Struz, 1 Std. Gipfel: über das Graunerjoch, 1.699 m, zur Schönleiten, 1.811 m, 2½ Std.

Waldrast Gasthof, 1.223 m (E1), privat, Post: I-39040 Aldein, ganzjährig geöffnet. Zugänge, Übergänge, Gipfel: siehe Aldein.

Zirmerhof Gasthof, 1.550 m (F1), privat, Post: I-39040 Aldein, ganzjährig geöffnet. Zugänge: von Radein, 1¼ Std.; von Kaltenbrunn, 1½ Std.; von Aldein, 2 Std. Übergänge: zum Jochgrimm Haus, 1¾ Std.; zum Schönraster Leger, 1¾ Std.

Nonsberger Alpen

Facchin, Hotel (Albergo), 1.730 m, privat, Post: I-38010 Fondo, bewirtschaftet im Sommer und Winter. Zugänge: vom Mendelpaß mit dem Kfz; von Fondo auf Weg 508, 2½ Std.; vom Mendelpaß zu Fuß auf Weg 512, 1 Std. Gipfel: Gantkofel, 1.866 m, 2½ Std. (leicht).

Halbweghütte (Rifugio Mezzavia), 1.594 m, privat, Post: I-39052 Kaltern, bewirtschaftet im Sommer und Winter. Zugang: vom Mendelpaß, 1 Std. Übergang: zur Roènalm, ¾ Std.

Roènalm (Malga di Romeno), 1.773 m, privat, bewirtschaftet im Sommer. Zugang: von Sanzeno, 3½ Std.; vom Mendelpaß, ¼ Std. Übergang: zur Halbweghütte, ½ Std.

Überetscher Hütte, 1.776 m (C 1), CAI Sektion Bozen, Post: I-38010 Ruffrè, bewirtschaftet ab Ostern an Wochenenden und von 15.5. bis 30.10. durchgehend. Zugänge: vom Mendelpaß, 2 Std.; von Cavareno, 3 Std. (Fahrweg); von Tramin, 4 Std. Gipfel: Roèn Spitze, über den Steig, ¾ Std. (leicht) oder über die Roènalm 1½ Std.

Fleimstaler Berge

Maria Weißenstein, Gasthof (Albergo Madonna di Pietralba) im gleichnamigen Wallfahrtsort, 1.521 m, Post: I-39040 Deutschnofen, ganzjährig bewirtschaftet. Zugang: von Petersberg, ½ Std.; von Deutschnofen, 1¼ Std. Übergang: nach Radein, 2 Std.

Schneiderwiesen, Alpengasthof, 1.372 m, privat, Post: I-39100 Bozen, ganzjährig bewirtschaftet. Zugang: von Bauernkohlern (Seilbahn), ¾ Std.; von Leifers/Seit mit dem Kfz. Übergang: nach Deutschnofen, 3 Std.

Schwabhof, Gasthaus, 700 m, privat, Post: I-39055 Leifers, ganzjährig bewirtschaftet. Zugang: von Leifers zu Fuß, 1 Std.; von Schwabmühl (mit Kfz von Leifers), ¼ Std. Übergang: nach Deutschnofen, 2 Std. Gipfel: Breitenberg, 1.353 m, 2 Std. (leicht).

***Alpines Notsignal: Sechsmal** innerhalb einer Minute in regelmäßigen Zeitabständen ein sichtbares oder hörbares Zeichen geben und hierauf eine Pause von einer Minute eintreten lassen. Das gleiche wird wiederholt, bis Antwort erfolgt.*

***Antwort:** Innerhalb einer Minute wird **dreimal** in regelmäßigen Zeitabständen ein sichtbares oder hörbares Zeichen gegeben.*

Eiche
Salweide
Weißtanne
Pirol
Heidelbeere
Torfmoos
Spitzkegeliger
Saftling

Die Abbildungen stammen aus den KOMPASS-Naturführern
Nr. 1103 Pilze und Nr. 1500 Großer Naturkompaß.

Telefon- und Faxnummern der Tourismusvereine

	Telefon	Fax
Aldein – Radein	0471/886800	886666
Altrei	0471/882077	882077
Andrian	0471/510100	510100
Auer	0471/810231	811138
Deutschnofen – Eggen – Petersberg	0471/616567	616727
Eppan an der Weinstraße	0471/662206	663546
Kaltern an der Weinstraße	0471/963169	963469
Kurtatsch an der Weinstraße	0471/880100	880451
Kurtinig an der Weinstraße	0471/817388	818035
Leifers – Branzoll – Pfatten	0471/950420	951226
Margreid an der Weinstraße	0471/817292	817788
Montan	0471/819747	819747
Neumarkt	0471/812373	820453
Obereggen	0471/615795	615848
Salurn	0471/884279	885066
San Lugano	0471/887197	869078
Tramin an der Weinstraße	0471/860131	860820
Truden	0471/869078	869278

Telefonnummern der wichtigsten Alpengasthöfe und Unterkunftshütten

Berghof 0471/88 71 50
Maderlina Hütte 0461/68 33 91
Maria Weißenstein 0471/61 51 24
Roènalm 0463/83 21 16 und 83 16 42
Schlögler Gasthof 0471/88 68 14
Schmieder Unterkunftshaus 0471/88 68 10
Überetscher Hütte 0471/81 20 31
Zirmerhof 0471/88 72 15

Alle Angaben ohne Gewähr!